Heinz Duthel

DIE HÖLLE AUF ERDEN IM PIUS-ERZIEHUNGSHEIM UND KINDERHEIM FÜRTH

PIUSHEIM PSYCHOLOGE, HEIMLEITER MIT PEITSCHE. KRANKE RUSSLAND HEIMKEHRER ALS ERZIEHER

Impressum

Bibliografische Information der Deutschen Nationalbibliothek:
Die Deutsche Nationalbibliothek verzeichnet diese Publikation in der Deutschen Nationalbibliografie; detaillierte bibliografische Daten sind im Internet über http://dnb.dnb.de abrufbar.

© 2023 Heinz Duthel

Lektorat: Die Kirche und die Katholische Fürsorge ist eine kriminelle Vereinigung gewesen.

Korrektorat: Duthel.live
weitere Mitwirkende: Rechtsanwalt Bergmann

Herstellung und Verlag: BoD – Books on Demand, Norderstedt

ISBN: 9783757847425

DIE HÖLLE AUF ERDEN IM ERZIEHUNGSHEIM UND KINDERHEIM FÜRTH.

Die Kirche und die Katholische Fürsorge ist eine kriminelle Vereinigung gewesen. Perverse kranke Beamte des Jugendamtes, Psychopathen als Heimleiter, Pädophile als Erzieher, eine Zuhälterähnliche Katholische Jugendfürsorge.

PIUSHEIM PSYCHOLOGE, HEIMLEITER MIT PEITSCHE. KRANKE RUSSLAND HEIMKEHRER ALS ERZIEHER

Der Vatikan ist kein echter Staat, sondern eine kleine religiöse Enklave in Rom. Er hat kein Volk. Es gibt kein Vatikan mehr. Niemand wird im Vatikan geboren, es sei denn aus Versehen. Er besteht aus einer Gruppe Zölibatäre religiöser Gestalten. Er hat keine Armee und keine Fußballmannschaft. Nichts von dem, was einen Staat auszeichnet. Seine Macht verdankt er einem historischen Sonderfall. 1929 verbündete sich Mussolini mit dem Mann, der später Papst Pius XI werden sollte.

Die Kirche unterstützte Mussolinis faschistischen Einparteienstaat und wurde im Gegenzug als eigener Staat anerkannt. Vatikan war der Staat der katholischen Kirche, wurde von Faschisten erschaffen.

Die Kirche und die Katholische Fürsorge war eine kriminelle Vereinigung. Perverse kranke Beamte des Jugendamtes, Psychopathen als Heimleiter mit Peitsche, Pädophile Russland Heimkehrer als Erzieher, eine Zuhälterähnliche Katholische Jugendfürsorge.

Dieses Buch handelt nicht vom Glauben, sondern vom
System Kirche und von dessen offensichtlichem
Versagen beim Schutz seiner Schwächsten.

WIE KANN MAN NOCH CHRIST SEIN? MILLIONEN OPFER KLAGEN AN...

HEINZ DUTHEL

dass manchen diese Äußerungen nicht genügen.

PIUSHEIM DIPLOM PSYCHOLOGE KIRST, HEIMLEITER MIT PEITSCHE. KRANKE RUSSLAND HEIMKEHRER ALS ERZIEHER ENZENSBERGER

ER HATTE DEN PENIS DES 12 JÄHRIGEN IM MUND MIT DER EINEN HAND BEWEGT ER In HIN UND HER UND MIT DER ANDEREN HAND BEFRIEDIGTE ER SICH SELBER. NACH DEM ORALVERKEHR MUSSTEN MAN IHM IN DIE ARME NEHMEN UND SAGEN: GELOBT SEIT JESUS CHRISTUS. UND GROSSER GOTT WIR LOBEN DICH IN DER KAPELLE SINGEN...

Dieses Licht nahm das Kind in ihm auf wie eine väterliche Hand wärmt es, so dass die vielen Narben zart loser verblassten und gänzlich entschwanden. Das war sein innigster und einziger Wunsch, seit er ein kleiner Junge gewesen war.

DIE ANTWORT DES VATIKANS LAUTETE HABT MITLEID MIT DIESEM PRIESTER! KEIN GEDANKE AN DIE OPFER.

Als ich das letzte Mal aus dem Piusheim aus dem vierten Stock mich abgeseilt habe mit Leintüchern und dann durch die Wälder bis nach München gelaufen , war und dann in der Fremdenlegion landete, hatte ich nur einen Gedanken, eines Tages komme ich zurück und

> dann sprenge ich sie alle in die Luft. Das Jugendamt, die Katholische Fürsorge, das Piusheim in Glonn bei Ebersberg.....

DER JAHRHUNDERT SKANDAL MISSBRAUCH IN DER KATHOLISCHEN KIRCHE

UND ALLE HABEN GESCHWIEGEN. UND SCHWEIGEN NOCH IMMER WIE DIE KATHOLISCHE FÜRSORGE MÜNCHEN FREISING...

Dieser Film entstand in Anlehnung an die 2006 erschienene Buchdokumentation „Schläge im Namen des Herrn - Die verdrängte Geschichte der Heimkinder in der Bundesrepublik" von Peter Wensierski, der zu diesem Thema 10 Jahre lang recherchierte und über 500 Opfer dieses Massenverbrechens interviewte.

Der Film thematisiert die unfassbare wirtschaftliche Ausbeutung (Zwangsarbeit für privatwirtschaftliche Unternehmen und in der Landwirtschaft 10 bis 12 Stunden täglich) und die seelische sowie körperliche schwerste Misshandlung von etwa 800.000 Kindern und Jugendlichen in 3.000 sogenannten „Erziehungsheimen", welche ab 1945 bis in die siebziger Jahre hinein neben staatlichen Heimen (20%) hauptsächlich von der katholischen und von der evangelischen Kirche betrieben wurde.

Die Veröffentlichung der verdrängten Geschichte der Heimkinder in der Bundesrepublik führte zu Eingeständnissen der Evangelischen Kirche in Deutschland (EKD) und des Petitionsausschusses des Deutschen Bundestages. Der Petitionsausschuss erkennt und bedauert laut Beschluss vom 26.11.2008 zutiefst „das erlittene Unrecht und Leid, das Kindern und Jugendlichen in verschiedenen Kinder- und Erziehungsheimen in der alten Bundesrepublik in der Zeit zwischen 1945 und 1970 widerfahren ist".

Die Opfer waren mehrere Jahrzehnte lang aus Scham außer Stande, sich jemanden zu öffnen und von ihrem Martyrium zu erzählen - auch nicht gegenüber engsten Angehörigen.

Die damaligen Jugendämter, Jugendfürsorge standen am Beginn dieser Verbrechenskette! Sie führten die jugendlichen Opfer den sadistischen Heimangestellten und Pädophilen Pfaffen zu!

Damals genügte dem Jugendamt ein denunziatorischer Hinweis eines Nachbarn auf einen „unsittlichen" Lebenswandel, um junge Menschen für Jahre in die Heime verschwinden zu lassen. Opfer waren meistens die Kinder von alleinerziehenden Müttern. Extrem „unsittlich" war es auch, wenn eine Jugendliche vor dem 21. Lebensjahr schwanger wurde.

Sie verschwand dann häufig samt dem Säugling in diesen KZ-ähnlichen „Erziehungsheimen ". Dort wurde ihr das Kind sofort weggenommen und mit der systematischen Zerstörung der Persönlichkeit und der Seele begonnen.

Heute kennt man derartige sadistische Verfahrensweisen aus den amerikanischen Bootcamps. Allerdings dürfen die dortigen Opfer nicht halb totgeschlagen werden, sie werden nicht mit Valium sediert und sie müssen sich für die Schläge auch nicht mit einem „Gelobt sei Jesus Christus!" bedanken.

In den besagten „Erziehungsheimen " regierten nicht ausgebildete selbsternannte „Erzieherinnen und Erzieher", die oft einem Orden angehörten und als Verfechter christlicher Werte auftraten, mit einer unvorstellbaren Brutalität, welche ihre Opfer für den Rest ihres gesamten Lebens traumatisierte und psychisch irreparabel zerstörte.

Ab Ende der 1960er Jahre gab es die sogenannte „Heimkampagne". Dabei handelte es sich um eine Kampagne der Außerparlamentarischen Opposition (APO) zur Veränderung der repressiven Bedingungen in westdeutschen Kinder- und Jugendheimen. Die „Heimkampagne", ausgelöst von Ulrike

Meinhof, und die Proteste der 68er brachten endlich einen Wandel.

Auf der Grundlage der Empfehlung des Petitionsausschusses in seiner Sitzung am 26.11.2008 konstituierte sich am 17.2.2009 der Runde Tisch „Heimerziehung in den 50er und 60er Jahren" (RTH).

Am 10.12.2010 verabschiedeten dessen Mitglieder einen Abschlussbericht, in dem unter anderem eine Entschädigung der Geschädigten mit mindestens 120 Millionen Euro empfohlen wurde. Am 7.2.2011 beschloss der Deutsche Bundestag eine weitgehende Übernahme der Empfehlungen des RTH.

Die Bundesregierung wurde aufgefordert, in Abstimmung mit den betroffenen Ländern und Kirchen zeitnah eine angemessene Umsetzung der Lösungsvorschläge des RTH vorzulegen, eine geeignete Rechtsform für die Umsetzung der Vorschläge vorzuschlagen, die Einsichtnahme in Akten und Dokumente der Kinder- und Jugendhilfe bzw. des Vormundschaftswesens zu erleichtern und im Juni 2013 einen Bericht über den Stand der Umsetzung vorzulegen. Heute richtet sich der Fond „Heimerziehung West" an rund 800.000 Kinder und Jugendliche in der BRD aus der Zeit von 1949 bis 1975.

Finanziell beteiligten sich der Bund, die westdeutschen Länder sowie die Evangelische und Katholische Kirche gemeinsam zu je einem Drittel. Klar ist bei all diesem finanziellen Aktionismus allerdings, dass Geld die zerstörten Seelen nicht heilen kann.

Juli 2002 bei der Durchsuchung eines Pfarrhauses in Krefeld. In Nordrhein Westfalen werden 58.000 Kinderpornobilder und 300 Videokassetten gefunden, fast alle erstellt von dem örtlichen Pfarrer. Juli 2008 in Bamberg In Bayern wird bekannt, dass ein Priester in den 70er und 80er Jahren mehrere Schüler eines katholischen Internats missbraucht hat. Das Verfahren wird aber wegen Verjährung eingestellt. Und, November 2010 Im bayerischen Ettal reicht die Staatsanwaltschaft Anklage gegen einen ehemaligen katholischen Mönch ein. Der Vorwurf 20 facher sexueller Missbrauch. Das sind heftige Fälle. Jeder einzelne davon bedeutet unvorstellbares Leid für die Opfer, oft das ganze Leben lang. Aber was sich vielleicht zuerst mal anhört wie Einzelfälle ohne größeren Zusammenhang, ist viel mehr. Es ist ein riesiger Skandal für die Organisation, bei der all diese Fälle nicht nur vorgekommen sind, sondern die sie teilweise gedeckt oder zumindest unter den Teppich gekehrt hat. Die katholische Kirche, Missbrauch von angeblichen Männern Gottes und das teilweise über viele Jahre hinweg.

Das hat es auch in Deutschland gegeben. Erst jetzt werden die Vorfälle aufgearbeitet. Aber immer noch gibt es viele Fragen dazu. Fragen, das unter anderem auch laute Warum wurde so lange geschwiegen? Und hat ein ehemaliger Papst sogar aktiv dazu beigetragen, Missbrauch nicht aufzuarbeiten? Genau darum geht es jetzt. Ihr Land im Jahr 2002 in dem staatlichen Sender Arte Television läuft eine Dokumentation, die Folgen haben wird für Irland, für die katholische Kirche und letztendlich auch für die ganze Welt. Cardinal Secrets heißt diese Dokumentation, die verstörende Dinge ans Licht bringt im Zentrum.

Der ehemalige Erzbischof von Dublin und spätere Kardinal Desmond Cornell, ein hochdekorierter Kirchenmann, dem in dem Film heftige Vorwürfe gemacht werden.

Cornell sei, so heißt es, Mitwisser von Verbrechen gewesen, ohne diese Verbrechen anzuzeigen. Und nicht nur das. Er habe die Verbrecher sogar gedeckt und verteidigt. Es ist der Anfang einer beispiellosen Aufarbeitung, allerdings nicht unbedingt Aufarbeitung durch die Organisation dahinter, die katholische Kirche, sondern vor allem durch Medien, durch Juristen und wenn auch etwas langsamer durch die Politik. In Irland beginnt ein Prozess, der sich dann auch in den USA und etwas später in Europa auf dem Festland fortsetzt, in den

Niederlanden, in Österreich und auch in Deutschland. Es ist klar, hier wurde eine Tür geöffnet, die sich so schnell nicht wieder verschließen lässt. Und wieder ist es Irland, das dabei besonders vorangeht. Im Jahr 2009 erscheint der so genannte Murphy Report. Das ist ein Bericht, benannt nach der Vorsitzenden Richterin Yvonne Murphy, der zusammenfasst, was sich in Worten eigentlich kaum zusammenfassen lässt. Zwischen dem 1. Januar 1975 und dem 30. April 2004 hatte, so steht es in dem Bericht, 320 Missbrauch durch Angehörige der katholischen Kirche gegeben. Der Bericht spricht von 46 Priestern als Täter und von einer extrem hohen Dunkelziffer. In einem Fall soll ein Priester allein ungefähr 100 Kinder missbraucht haben. Das ist an sich genommen schon ein Skandal. Aber es gibt noch eine zweite Ebene. Viele dieser Fälle, so stellen es die Gutachter fest, seien innerhalb der Kirche in Irland bekannt gewesen, allerdings fast immer ohne Konsequenzen. Innerhalb von 30 Jahren habe es nur zwei kirchenrechtliche Strafprozesse gegeben.

Nach außen gedrungen ist fast gar nichts. Die Hauptverantwortlichen sind vier Erzbischöfe, von denen einer Desmond Cornell ist, den wir vorhin ja schon mal kurz kennengelernt haben.

Das Fazit der Gutachter fällt vernichtend aus Die katholische Kirche in Irland sei nicht nur verantwortlich für das Leid Hunderter, wenn nicht sogar tausender Menschen, sie habe auch wenig bis gar nichts dazu beigetragen, das Leid zu lindern und aktiv Täter vor der Strafverfolgung geschützt. Teilweise soll sie dabei sogar mit der Polizei zusammengearbeitet haben.

Spätestens jetzt wird klar Das, was da in Irland passiert ist, ist keine zufällige Aneinanderreihung von Einzelfällen, sondern es ist etwas, das unbedingt aufgearbeitet und gestoppt werden muss. In Irland, aber auch sonst überall auf der Welt. Besonders im Fokus sind damals auch die USA, in denen mehrere Untersuchungen zu ganz ähnlichen Ergebnissen führen.

Das jetzt alles im Detail zu beschreiben, würde aber viel zu weit gehen, würde den Rahmen sprengen. Deshalb habe ich euch zu internationalen Fällen unten was in der Infobox verlinkt. An dieser Stelle hier im Video geht es jetzt weiter mit der Situation in Deutschland. Was ist hier los gewesen und was ist immer noch los?

In der Bundesrepublik verläuft die Aufarbeitung zunächst einmal sehr schleppend. Zumindest was die katholische Kirche selbst angeht. Und da gibt es dann Parallelen, zum Beispiel zu Irland. Zwar wird der Missbrauch durch Kirchenangehörige intern direkt im Jahr 2002 zum Thema gemacht und sogenannte Leitlinien für den Umgang mit sexuellem Missbrauch Minderjähriger durch Kleriker,

Ordensangehörige und andere Mitarbeiterinnen und Mitarbeiter im Bereich der Deutschen Bischofskonferenz verabschiedet.

Aber wirklich weit führen diese Leitlinien nicht. Ein Gutachten der Rechtsanwaltskanzlei Westphal, Spilker, Wastl, das 2022 veröffentlicht worden ist, spricht von einer vollkommen fehlenden Beachtung der Geschädigten. Und weiter Selbst noch im Falle eines Mitte der 2000 er Jahre strafrechtlich verurteilten Priesters ist nicht nur keine Reaktion der Leitung des Erzbistums hinsichtlich der Geschädigten ersichtlich. Vielmehr wurde sich seitens der Leitungsverantwortlichen nicht einmal die Frage vorgelegt, ob eine solche Reaktion angezeigt sein könnte.

Das heißt sinngemäß auch nachdem bekannt war, dass die katholische Kirche ein offensichtliches Problem mit Missbrauchsfällen hat, wurde in vielen Fällen weiter geschwiegen aus Angst vor negativen Berichten und vermutlich auch, weil es bisher ja immer geklappt hatte. Dazu passen auch die Leitlinien, über die ich vorhin kurz gesprochen habe. Darin heißt es zwar zu Beginn Der sexuelle Missbrauch von Kindern und Jugendlichen wird zunehmend in unserer gesamten Gesellschaft und auch in der Kirche offenkundig. Er zeigt eine tiefgehende Krise an und ist für die Kirche eine Herausforderung zu einer Reinigung aus dem Geist des Evangeliums.

Aber so richtig konsequent ist die Kirche dann doch nicht. Weder werden zentrale Anlaufstellen für mutmaßliche Opfer geschaffen, noch wird eine Entschädigungszahlung in Aussicht gestellt. Und eine verpflichtende Zusammenarbeit mit den Strafverfolgungsbehörden gibt es auch nicht. Das ändert sich erst nach und nach. In einer neuen Fassung dieser Leitlinien aus dem Jahr 2010 ist die Rede davon, man wolle mutmaßliche Opfer über die Möglichkeit einer eigenen Anzeige bei den Strafverfolgungsbehörden informieren.

Aber auch das ist noch sehr vage. Erst ab 2013 steht in den Leitlinien Der Betroffene bzw. sein gesetzlicher Vertreter wird zu einer eigenen. Anzeige bei den Strafverfolgungsbehörden ermutigt also vom Informieren zum Ermutigen. Und ganz ursprünglich stand gar nichts dazu drin. Das ist schon ein ziemlich weiter Weg. Das heißt, es hat, wenn man so will, zehn Jahre gedauert, bis die katholische Kirche anerkennt, dass man eine aktivere Rolle bei der Strafverfolgung von Tätern einnehmen muss als bisher und man muss auch sagen es bleibt ihr kaum etwas anderes übrig, Denn die Berichte über Taten und Vertuschungen überschlagen sich förmlich. München, Regensburg, Köln überall werden Fälle bekannt, in denen Mitarbeiter der Kirche, vor allem Priester, Minderjährige und andere Opfer missbraucht haben und in denen die Kirche nicht so genau hingeschaut hat. Die Fälle sind so vielseitig und zum Teil immer noch nicht aufgeklärt, dass es gar keine Zahl gibt, die man für ganz Deutschland nennen könnte.

4000 Opfer sollen es sein, sagt eine Studie. Vermutlich sind es aber deutlich mehr. Die Schwierigkeit beim Beziffern hängt zum einen auch daran, dass es nicht immer einfach ist, Fälle aufzuarbeiten, die schon einige Jahrzehnte zurückliegen, zum anderen aber auch an der Struktur der katholischen Kirche.

Die ist in Deutschland über insgesamt sieben Provinzen verteilt Bamberg, Berlin, Freiburg, Hamburg, Köln, München und Freising und Paderborn. Unter diesen Provinzen sammeln sich unterschiedlich viele einzelne Bistümer, wobei der Sitz der Provinz auch gleichzeitig ein Erzbistum ist. Vereinfacht gesagt. In Freiburg zum Beispiel gibt es daneben Freiburg, als Erzbistum auch noch Rottenburg, Stuttgart und Mainz oder in Berlin neben dem Erzbistum Berlin noch Dresden, Meißen und Görlitz.

Unterteilt sind die Bistümer dann noch einmal in Dekanate und Pfarreien. Die Chefs in Anführungszeichen sind dabei Kardinäle, Erzbischöfe, Bischöfe und Weihbischöfe, die sich wiederum in der Deutschen Bischofskonferenz vereinigen. Alle von ihnen sind männlich. Und diese Erzbistümer und Bistümer gehen die Aufarbeitung der Missbrauchsvorwürfe teilweise ganz unterschiedlich an In München und Freising zum Beispiel gab es schon 2010 einen ersten unabhängigen Bericht. In anderen Diözesen hat es teilweise deutlich länger gedauert oder dauert es auch immer noch? Aus München Freising gibt es inzwischen auch schon das zweite Gutachten, veröffentlicht im Januar 2022. Hab vorhin schon mal kurz drüber gesprochen und die Gesamtaussage ist sehr deutlich. Zwischen 1945 und 2019 habe die katholische Kirche in der Diözese zugelassen, weggeschaut und vertuscht und das in hohem Maß. Ganz konkret Mindestens 497 Kinder und Jugendliche sind Opfer von sexuellem Missbrauch geworden, verübt von 235 Kirchenbediensteten, darunter 173 Priester. Das Gutachten stellt dabei fest Viele der Kirchenleute wurden ganz bewusst von der Institution geschützt und gedeckt. Besonders brisant ist dabei auch ein ehemaliger Papst wird erwähnt, nämlich der deutsche Benedikt, 16 oder wie er mit irdischem Namen heißt Joseph Ratzinger. Ratzinger hatte in dem untersuchten Zeitraum vor seiner Zeit als Papst verschiedene Ämter inne und in dieser Funktion auch Berührungspunkte mit mutmaßlichen Tätern. Insgesamt geht es um vier Fälle, in denen Ratzinger nichts gegen Kirchenleute unternommen haben soll, obwohl sie des Missbrauchs beschuldigt oder sogar verurteilt worden waren.

In einem dieser Fälle geht es um einen Priester, der aus Essen nach München

gekommen war. Joseph Ratzinger war damals dort Erzbischof. Der Priester war ein verurteilter Sexualstraftäter und hat in München weitere Straftaten begangen. Trotzdem wurde er dort wieder als Seelsorger eingesetzt, auch für Minderjährige. Joseph Ratzinger hatte zunächst bei einer Befragung gesagt, er hätte nichts von alldem gewusst. Aber als die Beweise durch das Gutachten sehr drückend wurden, ließ er sinngemäß ausrichten Okay, ich erinnere mich jetzt doch daran, bei einer Sitzung im Jahr 1980 dabei gewesen zu sein, in der über den Priester gesprochen wurde. Das hatte ich nur vergessen. Mal abgesehen davon, dass das ein nicht unbedingt gutes Licht auf den ehemaligen Papst wirft, weil er eventuell wirklich bewusst eventuell gelogen haben könnte. Gibt es da noch drei weitere Fälle, die ihn belasten?

Zu einem dieser anderen Fälle heißt es in dem Gutachten. Ein Priester war als beamteter Lehrer im staatlichen Schuldienst tätig. In den 1970 er Jahren wurde dieser mehrfach wegen versuchter und vollendeter Sexualdelikte zum Nachteil präpubertärer Minderjähriger verurteilt und aus dem Beamtenverhältnis entlassen.

Eine Kenntnis des damaligen Generalvikars Dr. Gruber über diese Vorwürfe in Richtung des Priesters wurde dokumentiert. Nach Aktenlage setzte dieser seinerzeit auch die Erzbischöfe Kardinal Döpfner und Kardinal Ratzinger über diese Vorwürfe in Kenntnis. Ungeachtet dessen wurde der Priester weiter in der allgemeinen Seelsorge mit Zugang zu Kindern und Jugendlichen und darüber hinaus wieder bei einem privaten Schulträger im Schuldienst eingesetzt.

Das heißt, es steht der Verdacht im Raum, dass der spätere Papst Benedikt, 16, nicht verhindert hat, dass ein verurteilter Sexualstraftäter Kinder an Schulen unterrichten durfte, um dort mutmaßlich weitere Straftaten zu begehen.

Zwar hat Ratzinger sich später während seiner Zeit als Papst immer wieder für eine Aufarbeitung der Missbrauchsfälle eingesetzt, aber in der Zeit davor könnte er das legt das Gutachten zumindest nahe.

Etwas weniger energisch unterwegs gewesen sein, was das angeht, um es mal ganz juristisch korrekt zu formulieren. Und man muss sagen, das ist jetzt nur ein besonders prominentes Beispiel.

Das Gutachten zeigt auf rund 1000 Seiten noch andere. Fälle von hohen kirchlichen Würdenträgern auf, in deren Verantwortungsbereich es Missbrauchsfälle gab.

Wohlgemerkt in München und Freising.

Wenn euch das interessiert, dann schaut mal in die Infobox bei https://prpro.live. Dort habe ich euch das komplette Gutachten verlinkt. Das kann man sich nämlich Seite für Seite im Netz durchlesen. Und heute ist inzwischen alles ordentlich aufgearbeitet bei der katholischen Kirche.

Das kann man ganz eindeutig mit Nein beantworten. Gerade angesichts der hohen Dunkelziffer wird es wahrscheinlich auch nie einen Zeitpunkt geben, zu dem man sagen kann jetzt ist alles aufgeklärt. Und auch der Umgang der katholischen Kirche mit den Missbrauchsopfern steht weiterhin in der Kritik. Mitte Januar 2022 hat zum Beispiel das Aktionsbündnis der betroffenen Initiativen eine Pressemitteilung veröffentlicht, die für die Kirche wie eine Ohrfeige klingt. Das System Kirche, heißt es darin, bestehe aus Zitat Machtmissbrauch, Intransparenz, Willkür. Und weiter In zwölf Jahren ist bisher kein Verantwortungsträger der Kirche auf die Idee gekommen, Betroffene der Täterorganisation bei der Gründung Kirchen, neutrale Anlaufstellen und der Vernetzung der aus Eigeninitiative entstandenen Selbsthilfegruppen und Vereine zu unterstützen.

DIE SCHLUSSFOLGERUNG IST DESHALB ES BRAUCHT ENDLICH EINE VON Außen DURCH DEN STAAT GARANTIERTE UNABHÄNGIGE AUFKLÄRUNG UND

AUFARBEITUNG DER SYSTEMATISCHEN VERBRECHEN AN KINDERN UND JUGENDLICHEN UND IHRER VERTUSCHUNG DURCH BISCHÖFLICHE VERANTWORTUNGSTRÄGER. UND TATSÄCHLICH IN DIESER FORM GIBT ES DAS BISHER NOCH NICHT.

Wenn nicht gerade Gerichte mit den Vorfällen befasst sind, dann sind die Bistümer die einzigen, die sich konkret mit der Aufarbeitung beschäftigen in dem Maß, das sie selbst vorgeben. Und nicht nur das fordern die Betroffenen. Sie wünschen sich, dass die Kirche mehr mit ihnen als über sie spricht.

Eine Anerkennung des Leids, das sie erfahren haben, und eine klare Regelung für Entschädigungszahlungen. Denn ganz klar Auch wenn Geld das, was die Menschen mitmachen mussten, nichts verbessert. Es ist zumindest eine symbolische Wiedergutmachung. In den USA wurden deshalb inzwischen mehr als 4 Milliarden US Dollar an Opfer bezahlt, in Deutschland nicht einmal ein Bruchteil davon. Teilweise wurden Opfer in den ersten Jahren nach Bekanntwerden der Fälle mit einigen wenigen 100 oder wenigen 1.000 € abgespeist, während die Zahlungen in den USA pro Person in die Zehntausende, teilweise sogar in die Hunderttausende gingen. Auch das ändert sich erst langsam in Deutschland.

Dazu kommt Noch immer ist es möglich, dass Kirchenleute Missbrauch begehen und noch immer kommt es vor. Warum ist das so? Warum immer wieder die katholische Kirche? Dazu gibt es viele verschiedene Theorien und Vermutungen. Das Gutachten zu Münch und Freising aus dem Jahr 2022 nennt als Ursachen unter anderem Angst bzw. Hilfe und Sprachlosigkeit.

Das kirchliche Strafrecht, Auswahl der Führungsverantwortlichen, fehlenden Austausch und mangelnde Transparenz. Das bezieht sich jetzt alles darauf, warum innerhalb der Kirche so wenig gegen die Täter unternommen wurde, warum da so viel geschwiegen wurde. Außerdem wird darauf hingewiesen, dass Homosexualität in der katholischen Kirche immer noch nicht vollständig akzeptiert ist.

DIE THEORIE DAHINTER IST IN VIELEN DER MISSBRAUCHSFÄLLE WAREN SOWOHL DIE TÄTER ALS AUCH DIE OPFER MÄNNLICH GEWESEN, LAUT EINER UNTERSUCHUNG AUS DEN USA BIS ZU 80 %. WENN BEKANNT GEWORDEN WÄRE, DASS EIN PRIESTER SEX MIT EINEM JUNGEN ODER EINEM MANN HATTE, DANN HÄTTE IHN DAS SOFORT DAS PRIESTERAMT GEKOSTET. UND DAS WOLLTE MAN OFFENBAR VERHINDERN. UND WENN ES UM DIE TÄTER GEHT, WIE SEHEN DA DIE URSACHEN AUS? AUCH

HIER GIBT ES EINIGE THEORIEN UND AUCH STUDIEN, UNTER ANDEREM VOM ZENTRALINSTITUT FÜR SEELISCHE GESUNDHEIT IN MANNHEIM AUS DEM JAHR 2018. DAS IST EINE STUDIE, DIE, KANN MAN SAGEN, STELLVERTRETEND FÜR VIELE STEHT, WEIL SIE DIE WESENTLICHEN ELEMENTE ANSPRICHT. Übermäßige MACHT.

Die Kirchenleute haben vor allem über jüngere Menschen, einfachen in Anführungszeichen Zugang zu potenziellen Opfern, generell den Umgang der katholischen Kirche mit Sexualität und das Zölibat, also die verpflichtende Ehelosigkeit und Enthaltsamkeit für Priester. Dazu muss man aber sagen Nicht alle Studien sind sich beim Zölibat als Ursache einig. Es gibt da durchaus Widerspruch, auch aus der Kirche selbst. Allerdings ist da gerade einiges in Bewegung. Immer mehr ranghohe Kirchenleute sprechen sich für eine Abschaffung des Zölibats aus und sagen Das muss weg.

Das große Problem bei diesem ganzen Thema ist, wie so oft in solchen Fällen es wird viel zu viel über die Täter gesprochen und zu wenig über die Opfer. Auch in diesem Video hier, in dem ich versucht habe, die wichtigsten Fragen zu beantworten, die mir von euch zu diesem Thema gestellt worden sind, damit die Perspektive der Opfer aber nicht zu kurz kommt, habe ich euch hier oben eine Dokumentation verlinkt, die die Opfer ausführlich zu Wort kommen lässt.

Schaut doch gerne mal rein und auch in der Infobox findet ihrem weiterführenden Links dazu und außerdem in der Infobox eine Antwort auf die Frage, die sich zwangsläufig stellt. Nämlich Wie sieht es eigentlich aus bei der evangelischen Kirche mit dem Missbrauch? Schon mal vorab Hier hängt die Aufarbeitung teilweise noch mehr hinterher. Was denkt ihr denn? Was müsste unternommen werden, damit sich wirklich was ändert? Und spielt das Zölibat dabei für euch eine Rolle? Schreibt es gerne unten in die Kommentare und bitte bleibt sachlich. Bei so einem Thema muss man das ja immer wieder dazu sagen. Und neben mir findet ihr noch ein Video darüber, warum immer mehr Menschen aus der Kirche austreten. Aus der katholischen wie aus der evangelischen und etwas von den Kollegen vom Kollektiv über Missbrauch im Bistum Speyer. Auch hier kommen Opfer zu Wort.

Wie Missbrauch in der Kirche einen katholischen Ort prägt und verändert

Im oberfränkischen Waldenfels ist man stolz auf seine Traditionen, etwa auf die besondere Fronleichnamsprozession. Die katholische Kirche ist hier fest verwurzelt. Doch jetzt ist nichts mehr, wie es war, nachdem der Bürgermeister Jens Korn eine E-Mail bekommen hat.

In der Mail stand Ich will mit Ihnen reden über sexuellen Missbrauch in der katholischen Kirche. Das war in der Tat ein bisschen so, als wenn eine Welt für mich zusammenstürzen würde.

So wird also öffentlich. Ein Pfarrer hat über viele Jahre Jugendliche sexuell missbraucht. 1972 kam er hierher. Franz Berschmidt hat von Anfang an mit ihm viel zusammen gearbeitet, zunächst als Vorsitzender der katholischen Jugend.

Nicht nur ich, sondern wir machen uns Gedanken. Hätten wir was erkennen können? Erkennen müssen.

Rund ein Vierteljahrhundert war der Pfarrer hier im Landkreis Kronach tätig. Weltoffen und charismatisch sei der Geistliche gewesen, sagen die Wallenfelser. Er habe sie für den Glauben begeistert. Auch Jens Korn hat damals gerne ministriert.

Der Pfarrer hat die ganz seltene Gabe, die ich später nie mehr erlebt habe, gehabt, dass er Predigten hielt, die wirklich die Menschen beschäftigt haben. Aus dieser Kirche, die immer voll besetzt war, kamen die Leute raus. Die eine Hälfte hat gesagt Der hat Recht. Und die andere Hälfte hat gesagt Der spinnt.

Dabei hat das Erzbistum Bamberg nach eigenen Angaben bereits 1963 von den ersten

Missbrauchsvorwürfen erfahren. Betroffene hatten von sexuellen Annäherungsversuchen erzählt. Auch der Pfarrer gab sie zu, schrieb einen Entschuldigungsbrief nicht an die Betroffenen, sondern an den damaligen Erzbischof Josef Schneider. Dem Pfarrer wurde eine Auszeit im Kloster verordnet. Schließlich ließ sich der Priester nach Bolivien versetzen. Doch die innere Einkehr und der Auslandsaufenthalt haben offenbar nichts verändert. Danach soll der Pfarrer in Wallenfels mindestens acht Jugendliche sexuell missbraucht haben. Auch in der Kirche. Er war zwischen 14 und 16 Jahre alt, als es passierte. Er möchte nicht länger schweigen, aber anonym bleiben.

FÜR MEINE BEGRIFFE WAR DER PFARRER EIN SEHR INTELLIGENTER MENSCH. ER HAT GENAU GEWUSST, WO SCHWÄCHEN IN DER GEMEINDE, IN DER GEMEINSCHAFT SIND, DIE ER FÜR SEINE SCHWÄCHEN AUSNUTZEN KANN. DER PFARRER HAT SICH NICHT ENTSCHULDIGT BEI MIR, ABER ER HAT GESAGT, WENN ICH DAMIT ZUM BISCHOF GEHEN WÜRDE, WÄRE ER SUSPENDIERT, VOM DIENST UND RAUSGESCHMISSEN WORDEN. WAS SOLL ICH ALS JUGENDLICHER MIT 14 BIS 16 JAHREN DAZU SAGEN? ICH WAR ÜBERFORDERT UND HABE DAS NATÜRLICH NICHT GEMACHT.

KANN ER DEM PFARRER, KANN ER DER KIRCHE VERGEBEN?

Für mich hat die Erzdiözese eine Führungsverantwortung für ihr Personal. Und das hat sie. Diese Führungsverantwortung hat sie nicht wahrgenommen. Und das verzeihe und vergebe ich nichts. Da muss vorher aufgearbeitet werden, da muss vorher verarbeitet werden, aber nicht vergeben. Und wenn einer vergeben kann, dann soll das die Kirche selber mit ihren Pfarrern machen im Beichtstuhl. Aber ich sehe mich nicht imstande, hier etwas zu vergeben.

Erzbischof Ludwig Schick hat nach eigener Aussage erst nach dem Tod des Pfarrers von den Missbrauchsvorwürfen erfahren. Insgesamt elf Fälle sind bisher bekannt. Schick ist im Oktober nach Wallenfels gefahren. Er bat auch um Vergebung. Wie sollen die Wallenfelser mit dem Verhalten des Pfarrers und dem Versagen der Bistumsleitung umgehen? Erklärungsversuche von Dekan Detlef Poetzel.

Entschuldigen können wir da nicht viel. Wir können versuchen zu erklären, warum Menschen so gehandelt haben, wie sie gehandelt haben. Menschliche Schwachheit, Fehleinschätzung und vielleicht auch aus dem Bemühen heraus, die Institution zu schützen. Was letzten Endes aber auch bedeutet hat, dass man. Kinder Jugendliche in Gefahr gebracht hat und das man weitere Opfer akzeptiert hat letzten Endes. Das ist in dem Sinne nicht zu vergeben, auch nicht zu entschuldigen. Und vielleicht auch nicht zu verstehen.

Der Pfarrer hat so viel bewirkt, etwa ein Jugendheim gebaut. Ihm wurde sogar die Ehrenbürgerwürde verliehen. Können die Wallenfelser vergeben, dass er offensichtlich eine dunkle Seite hatte?

Vergeben können wirklich nur die Betroffenen, wirklich nur diejenigen, die, die gelitten haben unter dem, was der Pfarrer getan hat, und der Kirche? Da bin ich wahrscheinlich auch der Falsche, um zu vergeben. Ich kann mir nur von der Kirche etwas wünschen, dass die Kirche sich ändert, und sie muss sich ändern.

2005 IST DER PFARRER VERSTORBEN. Ehrenbürger und Missbrauchstäter. DIE GEMEINDE MUSS JETZT MIT SEINEM ERBE UMGEHEN. UND DIE KATHOLISCHE KIRCHE MUSS SICH FRAGEN LASSEN, WARUM SIE ÜBER DIESE TATEN SO OFT HINWEGGESEHEN UND DAMIT WEITERE ÜBERGRIFFE ERMÖGLICHT HAT.

Als ich St. Jones zum Ersten Mal betrat, gefiel es mir dort sehr. Das Schulgebäude war wunderschön. Mit seinen gewaltigen Mauern glich es einer Burg. Ich liebte diese Schule. Vor unserer Schule stand eine prächtige Statue von

Jesus Christus, der seine Hände liebevoll auf die Statuen zweier Kinder legte. Das zeigte mir, dass Jesus Kinder liebten und dass auch die Kinder Jesus liebten.

Ich heiße Gary Smith. 1954 war ich vier Jahre alt. Ich ging wirklich gern zur Schule. Ich mochte den Schlafsaal. Dort war es cooler als Zuhause bei den Eltern. Denn ich hatte keine Geschwister.

Am Anfang ging ich sehr gern zur Schule, denn dort waren so viele gleichaltrige Kinder, mit denen ich spielen konnte. Es waren gute Menschen. Wir waren ein guter Freundeskreis.

In 1953 war ich vier Jahre alt. Als ich die Schule betrat, weinte ich unaufhörlich. Da sah ich diese Nonne. Sie trug ein schwarz weißes Gewand. Ich sah sie an und meine Eltern gingen fort Und Jeden Morgen gingen wir zur Messe. Der Priester schwenkte Weihrauch, dessen Geruch den Raum erfüllte. Ich fühlte mich wie im Himmel.

Ich wollte ein Katholik sein wie jeder andere. Als ich zehn Jahre alt war, taufte Pater Murphy mich.

Murphy umarmte die Kinder gerne. Sie liebten ihn und scharten sich immer um ihn. Er spielte mit den Kindern und die Nonnen rundherum sahen zu und lächelten. Wie alle anderen Kinder wollte ich Murphys Aufmerksamkeit erheischen. Ich brauchte ihn. Er war für mich wie ein zweiter Vater. Wie der Rattenfänger von Hameln besaß er die Fähigkeit, uns dazu zu bringen, dass wir ihm folgten und alles taten, was er wollte.

Pater Murphy beherrschte die Gebärdensprache und konnte sich mit allen Kindern verständigen. Für einen Hörenden beherrschte er die Gebärdensprache sehr gut. Wenn ich ihm dabei zusah, war ich wirklich beeindruckt.

Lawrence Murphy wuchs in Milwaukee, Wisconsin, auf und trat 1943 in das Priesterseminar von San Francis ein. Nachdem er 1950 zum Priester geweiht worden war, wurde er eine Tür weiter an die St. John's Gehörlosenschule berufen. Er war ein begabter Redner und Spendensammler und wurde 1963 zum Schulleiter von St. Johns befördert.

Nachdem ich Pater Murphy getauft hatte, war ich sehr stolz. Es ging mir besser. Ich war sehr aufgeregt und konnte es kaum erwarten, mit zwölf meine Erstkommunion zu empfangen. Später bekam ich Probleme in der Schule. Ich war ein Störenfried und die Nonnen schickten mich auf das Zimmer des Paters. Also ging ich dorthin.

Im Beichtstuhl gab es eine Trennwand, aber durch ein kleines Fenster konnte man sein Gesicht sehen. So konnten wir uns in Gebärdensprache verständigen und dann wurde man von ihm gesegnet.

Ich füllte den Beichtspiegel aus. Auf dieser Liste standen Vergehen wie Stehlen, Lügen und Sex. Ich machte meine Kreuzchen und reichte ihm die Liste. Zu Pater Murphy ging sie durch und stellte mir sonderbare Fragen Wie warst du mit anderen Jungen zusammen?

Ich sagte ihm, dass ich an mir herumspielte, worauf er mich detailliert danach fragte, wie und was ich dabei genau tue und dass er mich am Nachmittag in seinem Büro sehen wolle. Ich sagte okay und kniete nieder, um zu beten. Er fragte mich, ob ich an meinem Penis herumgespielt habe, und ich verneinte. Aber dann warf er mir einen seiner einschüchternden Blicke zu, und ich gestand. Er befahl mir, die Hosen runter zu lassen und es an Ort und Stelle zu tun. Also spielte ich ein bisschen an mir herum. Er sah mir genau zu, bis ich fertig war. Dann sagte er, dass Gott mir vergebe. Und ich hatte das Gefühl, dass meine Sünden wie weggewischt waren. Vielleicht hat er auch an sich selbst herumgespielt, aber das konnte ich nicht sehen. Für. Eines Nachmittags betrat ich Murphys Büro. Er verschloss die Tür und befahl mir, die Hosen auszuziehen. Die Hosen ausziehen. Ich war schockiert. Ich fragte mich, warum. Aber da stand dieser Mann in seiner schwarzen Robe mit dem weißen Kragen, und ich dachte mir, er ist Priester und ich muss ihm gehorchen. Also zog ich die Hosen aus und er missbrauchte mich. Mir war übel und ich war verwirrt. Warum tat mir ein Priester das an? Ob das seine Richtigkeit hatte? Hatte ich etwas falsch gemacht? Ich wusste es nicht. Nachdem es vorbei war, ging ich wieder und behielt es einfach für mich.

Später beschloss Pater Murphy, die Beichte in einem Schrank im zweiten Stock abzunehmen. Ich beichtete meine Sünden. Er vergab sie mir und segnete mich. Dann fasste er mich an, ich schwitzte wie verrückt. Ich war so nervös, zitterte am ganzen Körper. Ich dachte die ganze Zeit, Es reicht. Es reicht. Wenn Pater Murphy dann aufhörte, ging ich sofort ins Bett. Mir war übel. Schrecklich übel. Ich lag unter meiner Bettdecke und ekelte mich fürchterlich. Ich war Mönch. Ein sehr frommer Mönch. Ich faltete die Hände, senkte den Blick und gab mich meinen Studien hin. Ich war Teil des Systems.

Richard Zeit lebte 18 Jahre lang als Benediktinermönch. Als Therapeut beriet er auch seine Priesterkollegen.

Sex and Sex.

Und Zölibat wurden die zentralen Themen meiner Forschungsarbeit.

Sie begann eine 25-jährige Studie über Zölibat und Priesterschaft im Orient.

Mein Ziel war es, damit, den Priestern bei ihrer Ausbildung zu helfen. Ich dachte, ich könnte meinen Beitrag leisten, indem ich ehrlich damit umging.

The Daily Show.

Meine Untersuchungen ergaben, dass zu allen Zeiten nicht mehr als 50 % der römisch katholischen Priester in Amerika den Zölibat befolgten. Es gab verschiedene Arten von Experimenten, Verhältnissen und Beziehungen und sogar kriminelle Beziehungen mit Kindern. Je mehr ich mich damit beschäftigte, desto mutloser wurde ich. Sie wissen, dass der Zölibat nicht befolgt wird. Und mit Ihr meine ich die Obrigkeiten im Vatikan, die Bischöfe, die religiösen Würdenträger. Denn je höher das Amt, desto mehr wissen Sie. Es ist okay, den Zölibat nicht zu befolgen, solange es geheim bleibt.

Secret. Its okay.

Sie fand heraus, dass der Klerikalismus das System der Geheimhaltung stützte, indem er einen Priester über einen gewöhnlichen Laien stellte.

Kitz.

Wenn die Kinder ihren Eltern anvertrauten, was der Pater ihnen angetan hatte, antworteten diese Sagt das nicht. So etwas darf man über einen Priester nicht sagen. Das erlaubte es den Priestern, sich sexuell auszuleben. Manche taten es nur ab und zu, andere in ungeheuerlichem Ausmaß.

Cyb erkannte, dass dahinter der Glaube steckt, dass gute Absichten schlechtes Verhalten aufwiegen. So wie sich Brot in den Leib Christi verwandelt, kann für einen Priester der Glaube an seine eigene Tugendhaftigkeit eine Perversion in einen heiligen Akt verwandeln.

Priest. Ein Priester, der eine Affäre mit einem zwölf oder 13 Jahre alten Mädchen hatte, brachte zu einem ihrer Treffen eine angeblich geweihte Hostie mit. Er berührte damit ihre Vagina und sagte Dies ist die Liebe Gottes. Und dann vergewaltigte er sie.

Egos.

Das reicht von der breiten gesellschaftlichen Akzeptanz, dass die Priester und der Papst ohne Makel seien, bis hin zu dieser verdrehten Perversion der Macht.

In this way. The system of the.

Das System der katholischen Kirche, vor der ich großen Respekt habe und der ich viele Jahre meines Lebens geweiht habe. Selektiert, unterstützt, schützt, verteidigt und produziert sexuelle Straftäter.

Defence and producers sexual abuse Es. Diese.

Eines Nachts vor dem Einschlafen sah ich Murphy wie einen gefräßigen Wolf in den Raum schleichen. Ich sah, wie er sich im trüben Schein des beleuchteten Türschildes auf ein Bett setzte und sich an einem Jungen verging. Ich stellte mir vor, dass Jesus mit gebrochenem Herzen am Kreuz weinte. Man fragte mich, warum Murphy das tat. Und warum Jesus einfach zusah.

Er bewegte sich wie eine Katze, so dass wir ihn nicht hören konnten. Aber wenn man die Augen aufmachte, konnte man einen dunklen Schatten vorübergleiten sehen und wusste, dass er es war. Ich sah, wie er sich bestimmte Jungen herauspickte. Er wusste, wer sich nicht widersetzen würde.

Als die Jungen bemerkten, dass Pater Murphy bestimmte Schüler auswählte, deren hörende Eltern der Gebärdensprache nicht mächtig waren, sodass die Kinder ihren Eltern nicht sagen konnten, was ihnen widerfuhr. Ich war sein Liebling. Er wollte mich haben. Er sah gerne, wie ich ejakulierte. Wenn er bekommen hatte, was er wollte, ging er wieder. Das war sein Ding. Er war krank. Ich wagte nicht, das meiner Mutter zu erzählen, denn ich dachte, sie würde mir nicht glauben. Sie würde sagen, dass ein Priester Kinder niemals so etwas antun würde. Also behielt ich es für mich. Meine Mutter hatte schon so viel durchgemacht. Mein Bruder war auf dem elektrischen Stuhl gestorben und mein Vater hatte sich erhängt. Sie hatte so viel Leid erfahren und ich wollte ihr nicht wehtun.

Ich konnte mich nur schwer mit meinem Vater verständigen. Wenn mein Vater sprach, übersetzte Pater Murphy für mich. Und da ich nicht sehr gut schreiben konnte, schrieb mir mein Vater auch nicht. Ich war also auf Pater Murphy und die Nonnen angewiesen, wenn ich mit meinem Vater kommunizieren wollte.

Ich hatte hörende Eltern und wir bedienten uns zu Hause nicht der echten amerikanischen Gebärdensprache. Wir hatten bestimmte Gesten, wenn es ums Essen ging oder wenn sie mit mir schimpften. Aber da sie die Gebärde für böse nicht kannten, drohten sie mir nur mit dem Zeigefinger. Und wir hatten kein Gehörlosentelefon. Wir hätten wir da miteinander kommunizieren sollen. Murphy nutzte es aus, wenn Kinder in dieser Lage waren. Meine Frage gilt den Schwestern. Wo waren die Nonnen, die doch die Kinder behüten sollten? Die Nonnen hätten etwas hören können, aber sie wandten sich ab und schauten weg. Murphy war nicht der einzige, den die Nonnen nachts durch die Schlafsäle hätten schleichen hören sollen. Murphy zog ältere Jungen zu einem organisierten Missbrauch System heran. Einer von ihnen war Tom Tenehill, ein Schüler aus der Oberstufe, der von Murphy missbraucht worden war. Als Schlafsaal Aufseher zwang er seine Opfer unter Androhung von Strafen zum Oralsex. Pat Kühn war erst sieben Jahre alt, als Tom ihn zum Ersten Mal missbrauchte. Heute glaubt er, dass Tom ihn für Murphy an lernte. Ich war sehr unschuldig und naiv. Nachdem Tom zum Ersten Mal an mir herumgespielt hatte, gewöhnte ich mich daran. Ich war ganz aufgeregt, weil er mich unter all den anderen ausgewählt hatte. Ich fühlte mich als etwas Besonderes. Der erste untertitelte Film, den ich gesehen habe, war Bambi. Das war sehr aufregend. Ich saß auf der Jungenseite hinter den anderen Zuschauern. Da kam Pater Murphy und stieß mich in den Hinterkopf. Ich schaute auf und winkte, denn ich dachte, wollte nur Hallo sagen. Dann wendete ich mich wieder dem Film zu. Er stupste mich erneut an und ich erwiderte seine Geste. Wenn ich heute darüber nachdenke, war es vermutlich sein Penis, mit dem er mich anstieß. Er spielte an mir herum. 1963 verreiste Pater Murphy für ein paar Wochen. Während seiner Abwesenheit vertrat ihn Pater Walsh, ein Priester aus Chicago.

Als ich sah, dass Pater Walsh die Gebärdensprache beherrschte, beschloss ich, alles daran zu setzen, um mich ihm mitzuteilen. Ich glaube, es war während der Beichte, als ich Pater Walsh sagte, dass Pater Murphy mich missbrauchte. Er sagte kein Wort, aber ich sah, wie sich seine Miene veränderte. Eine Woche verging und ich wusste, dass Freitag sein letzter Tag sein würde. Dann kam Pater Murphy zurück. Er betrat unser Klassenzimmer und verlangte nach Pater Walsh. Da wusste ich, es war so weit. Ich sprang von meinem Stuhl und spähte um die Ecke des Klassenzimmers. Ich sah, wie Pater Walsh und Pater Murphy am Ende des Flurs heftig stritten. Ich setzte mich wieder und verlor kein Wort darüber. Murphy kam zurück und es wurde nie darüber gesprochen. Ich hoffte, dass Pater Walsh im nächsten Jahr wiederkommen würde. Aber er kam nicht. Nicht im nächsten Jahr. Und auch nicht im übernächsten. Er kam überhaupt nie wieder.

In den Sommermonaten nahm Murphy ein paar der Jungen mit in sein Sommerhaus in North Wisconsin. Er bat sie, selbst zu entscheiden, welcher von ihnen mit ihm in einem Bett schlafen sollte.

Alle zeigten auf mich. Also musste ich das Bett mit Pater Murphy teilen. Und dann missbraucht er mich. Ich habe ihn nie angefasst. Ich habe mich geweigert. Aber er fasste mich an! Alle wussten es, Aber sie ließen mich allein und sagten nichts.

Pater Murphy fragte uns, wer bei ihm schlafen würde. Wir zeigten alle auf den kleinen Joe. Ich wollte nicht ausgewählt werden. Armer Joe. Ich habe heute noch ein schlechtes Gewissen.

Murphy ermunterte viele der von ihm missbrauchten Kinder dazu, Spenden für St. Johns zu sammeln. Die gehörlosen Schüler sollten in Bars gehen, in denen mitfühlenden Trinkern das Geld locker saß. Terry sammelte so viel Geld, dass er ein Motorrad gewann. Als Murphy mit Gary und den anderen älteren Schülern verreiste, Um Hochschulen in Washington und New York zu besichtigen, missbrauchte er Gary fast jede Nacht.

Ich hatte Angst, dass er ausrasten würde, wenn ich mich weigerte. Ich wusste nicht, was ich tun sollte. Ich gewöhnte mich daran und scherte mich nicht darum. Ich wollte nur meinen Abschluss machen. Und raus hier.

In Between the age of sex and one baptist and a very radical.

In meinen späten Zwanzigern erfuhr ich auf radikale Weise, dass das nichts Ungewöhnliches war, sondern die.

Regel.

Und dass es Behandlungszentren gab. Vor meiner Priesterweihe hatte ich keine Ahnung, dass es auf der ganzen Welt Behandlungszentren für Priester gab, die Kinder sexuell missbrauchten und vergewaltigten. Ich wusste das nicht und meine Eltern auch nicht. Ich wusste nicht, dass in meinem Kloster 55 Kinderschänder lebten. Ich wusste nicht, dass in der Erzdiözese über 70 Kinderschänder unterwegs waren. Das war nicht öffentlich bekannt.

Kurz nach seiner Priesterweihe im St. John's Stift in Colleville, Minnesota, erhielt Patrick einen Sonderauftrag. Er sollte durch das Land reisen und für die Kirche die Kohlen aus dem Feuer holen.

Ein Priester, der Kinder missbrauchte, musste samt seiner ganzen Habe entfernt werden. Dann erhielt ein anderer Typ in schwarz weißer Robe seinen Posten, der für das normale Tagesgeschäft sorgen sollte für Taufen, Hochzeiten und Beerdigungen, so dass wieder Normalität ins Gemeindeleben einkehrte.

D.h.

Ich dachte, ich sollte Verbrechen aufdecken und Wunden heilen. Ich dachte, ich sollte meiner Bestimmung als Seelsorger nachgehen und die Leidgeprüften trösten. Doch die Leute, die mich auslanden, hatten anderes im Sinn. Man durfte pro Fall bis zu 250.000 $ ausgeben, um einen Geheimhaltungsbeschluss zu erwirken.

And A 19.

1995 verfügten wir über ein Budget von 7 Millionen $ für die Abwicklung der verschiedenen

Probleme von Kindesmissbrauch. Die meisten Menschen wollen gar nicht, dass etwas an die Öffentlichkeit gelangt. Die katholische Denkart lässt es nicht zu, dass man die Kirche verklagt. Es soll nur aufhören.

Als Wall herausfand, dass es eben nicht aufhörte und die sündigen Priester im Amt bleiben durften, gab er das Priesteramt auf. Gehört es zu Ihrem Auftrag, diese Dinge den örtlichen Behörden zu berichten.

Niemals. Das ist die weltweite Politik. Man will jeden Skandal vermeiden.

Bob Bolger war ein weiterer Schüler, der in St. John's von Pater Murphy missbraucht wurde. Nach seinem Hochschulabschluss tat er sich mit Arthur und Gary zusammen. Nein.

Plötzlich taten sich mir diese Erinnerungen auf. Endlich erwachte ich. Ich war wütend. Und je mehr wir uns damit beschäftigten, desto wütender wurde ich. Ich hatte so lange geschwiegen, zu niemandem ein Wort gesagt. Und plötzlich wurde mir klar, wie falsch das war.

Bob sagte. Geh zur Polizei. Sofort. Darauf war Garry nicht gefasst. Aber Bob beharrte darauf. Wenn du wütend bist, Gary, dann musst du zur Polizei gehen. Und zwar jetzt. Ich kann Ihnen sagen, ich zitterte am ganzen Leib. Und. Wir gingen also zur Polizei. Bob unterhielt sich schriftlich mit dem Polizeibeamten. Das konnte er gut. Dann wiesen uns zwei Polizisten an, in einem Raum zu warten. Wir warteten und warteten. Schließlich wollte ich die Tür öffnen, aber sie war verschlossen. Dann kamen zwei Fahnder in den Raum und sagten, wir könnten gehen. Wir waren alle ganz aufgeregt, weil wir wieder gehen konnten. Wir dachten, die Fahnder hätten bereits mit Pater Murphy gesprochen. Wir ließen eine Woche verstreichen, dann noch eine und noch eine. Nichts passierte. Es war einfach widerlich. Murphy hatte ihm gesagt, dass das alles nicht stimmte und die Jungs sich das ausgedacht hätten. Dass wir nur kleine Unruhestifter sein.

Es beschäftigte mich immer mehr, denn ich erfuhr, dass er immer noch Kinder missbrauchte. Ich war wütend und wollte diese gehörlosen Kinder beschützen. Es war an der Zeit, etwas zu unternehmen und das taten wir auch.

Es war Bobs Idee. Wir sagten auf dem Flugblatt nicht warum. Wir wollten die Leute einfach nur warnen. When the School. Als die Schule eine Spendenaktion veranstaltete, hefteten sie die Flugblätter an die vor der Schule parkenden Autos.

Gebt diesem Mann kein Geld, denn er missbraucht Kinder.

Right to Avdic, Bob. Ich war schockiert und versuchte, Bob klarzumachen, dass er diese Sache so nicht regeln könne. Hey, es war die Zeit des politischen Aktivismus und er versuchte die Gehörlosen dazu zu bringen, für sich selbst einzustehen.

Auf John Convays Rat hin engagierten sie einen Anwalt und begannen, eidesstattliche Erklärungen von Murphys Opfern zu sammeln.

Was wir wollten diese eidesstattlichen Erklärungen, die sehr plastisch und sehr deutlich waren. Erzbischof Carens vorlegen. Wir dachten, damit würde die Sache erledigt sein und dieser Priester würde der Schule verwiesen werden.

Die Kirche antwortete mit Schweigen. Entschlossen, sich Gehör zu verschaffen, verteilten Bob, Arthur und Gary ihre Flugblätter vor der Kathedrale von Milwaukee an Passanten. Da wurde ihn plötzlich ein Treffen mit Erzbischof Kassens gewährt. Der Erzbischof war zugegen.

Und Pater Murphy auch. Pater Murphy saß direkt neben mir. Er schaute zu Boden oder woanders hin. Er vermied jeden Blickkontakt mit uns. Es waren ein paar Lehrer der Schule da und mehrere mir bekannte führende Mitglieder der Gehörlosengemeinde. Sie wollten Pater Murphy unterstützen und Father Murphy in The Group. Zu der Gruppe. Gehörten auch zwei Priester.

Die vom Erzbischof als Mitglieder des Vatikans vorgestellt wurden. Der Erzbischof dankte uns dafür, die Erzdiözese auf diesen Fall aufmerksam zu machen. Er gab zu, dass dieses Problem nicht neu sei und dass man sich seit 1960 mit diesem Problem auseinandersetze. Später sollte Cousins diese Aussage widerrufen. Doch eine Untersuchung ergab, dass Pater TZ schon vorher.

Vor 1960 etwas gegen Murphy zu unternehmen versucht hatte. Nachdem er die Klagen von Arthur und anderen Schülern vernommen hatte, berichtete Walsh die Anschuldigungen. Casens Vorgänger, Erzbischof Meiermeier, wandte sich an Murphy und dieser beichtete dem Missbrauch. Aber Murphy wurde nicht entlassen. Er zog sich kurz zurück und wurde dann erneut mit der Aufsicht über die Kinder von St. John's betraut. Weitere Gehörlose hatten sich Pater Walsh anvertraut, und 1957 erzählte Pater Walsh mehr davon. 1963 meldete ich mich dann zu Wort. Es stellte sich heraus, dass Walsh seinen Bericht auch dem Büro des päpstlichen Nuntius, dem Botschafter des Vatikans in Washington D.C. Vorgelegt hatte. Als 1974 dieses Treffen stattfand, hatte der Vatikan also seit fast zwei Jahrzehnten von Murphy gewusst.

Es war bekannt.

Man hatte sich schon früher damit beschäftigt. Die Stichhaltigkeit der Klagen stand außer Frage. Wir forderten sofort, dass Pater Murphy der Schule verwiesen werden müsse. Murphy weigerte sich. Er kümmere sich schließlich um die Finanzen und alles, Und Erzbischof Casens wurde sehr zornig. Er begann, mit uns zu streiten. Ich konnte es nicht glauben. Wo war sein Mitgefühl? Wo seine Bereitschaft, uns anzuhören? Irgendwann gingen wir wieder, und der Erzbischof sagte zu mir, dass er sehr aufgebracht sei, weil er gedacht hätte, es mit einem gläubigen Menschen zu tun zu haben.

Ich sagte.

Das hätte ich von ihm auch gedacht. Als er Jahre später abgesetzt wurde, erinnerte sich der Erzbischof an das Treffen. Er sagte, dass er die Anschuldigung damals nicht für glaubwürdig gehalten habe. Er habe eine Untersuchung eingeleitet und keine Beweise gefunden. Auf die Frage, welche Schritte er unternommen habe, um die Wahrhaftigkeit der Anschuldigungen zu prüfen, gab Casens an, dass er Murphy und das Schulpersonal befragt habe. Als der Anwalt ihn fragte, ob er auch die Schüler befragt habe, gab Kazon zu, dass er sich nicht die Mühe gemacht habe, mit ihnen zu reden. Sie seien ja ohnehin taub. Nachdem sie bei der Erzdiözese nichts erreicht hatten und die Polizei ihnen gesagt hatte, dass die Verjährungsfrist bereits abgelaufen sei, wandten sich die Männer mit ihrem Anliegen an das Büro des Bezirks Staatsanwalts von Milwaukee. Bei Bolschagari und ich ging zum Gerichtshof in Milwaukee. Als wir anfingen, diese Flugblätter zu verteilen, waren alle hörenden Menschen entsetzt. Dann legte Bob das Flugblatt auf den Schreibtisch von Staatsanwalt Michael McCann. Niemand redete mit uns, und wir sagten auch nichts. Wir verteilten nur die Flugblätter. Das Büro des Staatsanwaltes nahm von den Flugblättern Notiz und gewährte den Männern ein Treffen mit dem damaligen stellvertretenden Staatsanwalt Bill Gardner. Gardner befragte die Schüler im Schlafsaal für Ältere in St. John's.

Sie befragten etwa sechs Jungen in unserem Schlafsaal. Die Begegnung dauerte nur 15 bis 20 Minuten. Alle sagten Nein, nein, da tut sich nichts. Das Ganze war sehr schnell vorbei. Ich war ziemlich überrascht, denn zwei der Herrschaften aus dem Schlafsaal diskutierten sonst alles durch. Aber sie waren still wie die Kirchenmäuse.

Da kein Schüler mit der Sprache herausrückte, war die Untersuchung schnell beendet. Mccains Büro ließ verlautbaren, dass sie keine früheren Fälle untersuchen würden, da diese bereits verjährt seien. Doch Gary, Bob und Arthur glaubten, dass ihre Klagen nicht ernst genommen wurden, da McCann und Gardner strenggläubige Katholiken waren.

Gardner hieß Comment to me, was John.

Gardner Kommentar lautete. John, wir reden hier über das Leben eines Priesters. Wir werden das Leben dieses Mannes nicht überstürzt ruinieren. Das Büro des Staatsanwaltes erhob nie Anklage gegen Murphy. Doch in der Schule war die Angelegenheit noch nicht vergessen.

Einer der Herrschaften aus dem Schlafsaal kam gegen 11:00 an meine Tür. Er sagte, dass Sie mit mir über Murphy reden wollten. Nun rückten sie mit ein paar Sachen heraus.

Zwei was Thinking.

Ich wollte Ihnen helfen, dieser Sache auf den Grund zu gehen. Also rief ich im Büro des Erzbischofs an und sagte, dass ich Informationen über Pater Murphy hätte, die sich der Erzbischof anhören sollte. Wir trafen uns unter vier Augen. Ich sagte ihm, dass Pater Murphy mir gestanden habe, Knaben zu missbrauchen. Ich sagte, dass ich über Fakten und Zeitpunkte verfüge und mich an die Eltern wenden wolle.

Fast unverzüglich wurde bekannt gegeben, dass Pater Murphy St. John's aus gesundheitlichen Gründen verlassen werde. Die Journalistin, die das Thema für den Milwaukee Sentinel behandelte, erwähnt in ihrem Entwurf die Anschuldigung gegen Murphy. Doch der

Herausgeber der Zeitung strich jeglichen Hinweis auf sexuellen Missbrauch. Terry war nach seinem Hochschulabschluss nach St. John's zurückgekehrt, um Geschichte zu unterrichten. Mit seinen neuen Super acht Kameras filmte er Murphys Abschied. Als ich Murphys.

Abschied filmte, wusste ich ja, dass er pädophil war.

Die Kinder dachten, dass er aus gesundheitlichen Gründen ging, aber ich wusste, dass er ging, weil.

Er Kinder missbraucht hatte. Die Kinder schüttelten ihm der Reihe nach die Hand und Murphy verabschiedete.

Sich unter Tränen von jedem Einzelnen.

Alle. For the Wild.

Pater Fitzgerald begann seine Priesterlaufbahn in Boston, als ein Priester aufsuchte, die sexuellen Missbrauch begangen hatten. Wusste er, dass er handeln musste.

Er gründete einen Orden namens Diener der.

Fürsprecher.

Um pädophile Priester behandeln zu lassen.

Das erste Behandlungszentrum der Diener der Fürsprecher wurde 1947 in New Mexico eröffnet. Pater Fitzroy glaubte nicht an Psychologie oder Therapie. Er zog eine spirituelle Behandlung vor, in der Hoffnung, dass sexuelle Straftäter und Alkoholiker Erlösung fänden, indem sie auf Knien um Gnade beteten. Doch in einem Punkt war Pater Fitzgerald absolut klar Sexuelle Übeltäter sollten des Priesteramtes enthoben oder hinter den Mauern eines Klosters vor den Gläubigen versteckt werden.

He came!

Er kam zu dem Schluss, dass Priester, die Kinder sexuell missbrauchen, wie Natternsind. Man kann sie nicht aufhalten. Alles, was man tun kann, ist, sie von ihrer Zielgruppe fernzuhalten. Und zu einem Leben in Gebet und Buße anzuhalten.

Es. Er schrieb an den Papst und ständig an Bischöfe. Er teilte ihnen mit, dass es ein schreckliches Problem gebe und viele Priesterseminare von Pädophilie infiziert seien und dass man etwas dagegen tun müsse.

Dann kam er auf die Idee mit der Insel. Dort könnte man sie wenigstens sicher verwahren. Und dafür wollte er eine Insel in der Karibik kaufen.

Einmal meinen die Senda Priester He, was?

Er schickte einen Priester los, der sich auf
Barbados und verschiedenen anderen Inseln
umsah, und schließlich bemühten sie sich
tatsächlich um den Kauf einer Insel. Es war die
Grenada vorgelagerte Insel Kariakou, die für ihre
Muskatnüsse und ihre schönen Strände berühmt
ist. Die Kirche leistete eine Anzahlung von 5.000 $.
Doch dann verwarfen die Kirchenoberen die Idee
von einer Insel für pädophile Priester. Sie
beschlossen, die Politik der Fürsprecher zu
verändern. Statt die Priester von ihren Opfern
fernzuhalten, versuchte man, sie in den Zentren
zu rehabilitieren und wieder einzugliedern. Von
den 50er bis in die 90er Jahre gaben die Diener der
Fürsprecher für die Behandlung von über 2000
Priestern in speziellen Einrichtungen in Italien,
Frankreich, Großbritannien, Afrika, Südamerika
und auf den Philippinen 80 Millionen $ aus.
Lawrence Murphy zog sich in sein Sommerhaus
in Boulder Junction, einer Kleinstadt in North
Wisconsin, zurück. Er wurde an die Ortskirche
Stens berufen. Doch die Gemeinde erfuhr nichts
von Murphys Vergangenheit. Murphy
missbrauchte dort weiterhin Kinder. Zurück in
Milwaukee beschloss Gary Smith, seinem Vater
von dem Missbrauch, der ihm in seiner Jugend
widerfahren war, zu erzählen. John Conway
übersetzte und erklärte es meinem Vater. Er war
sehr aufgebracht. Da riss meinen Vater der
Geduldsfaden und er suchte einen Anwalt auf. Sie

strengten eine Klage gegen die Erzdiözese, die Schule und Pater Murphy an, aber Nonnen und Mitglieder der Gehörlosengemeinde tauchten in Garys Wohnung auf und drängten ihn dazu, die Klage fallen zu lassen. Dann wurde der Rechtsstreit auf rätselhafte Weise beigelegt. Pater Murphy erklärte sich bereit, 500 $ für Garys Gerichtskosten aufzubringen, und St. Johns bot ein paar 1.000 $ für eine Therapie an. Zu dieser Übereinkunft kam es, nachdem Schwester Martha Anne ihm einen Besuch abgestattet hatte. Gary hatte niemanden, der für ihn übersetzte, und die Nonne überredete ihn, ein ungewöhnliches Papier zu unterzeichnen, indem er die Klage fallen ließ und sich bei der Kirche entschuldigte.

Ihr Kurs ist Devant.

Er war gehörlos und konnte kaum lesen und schreiben. Nicht alle Gehörlosen sind Analphabeten, aber Englisch ist nicht ihre Sprache. Sie zwang ihn mit einem Trick zu einem Vergleich. Trotz Garys Entschuldigung blieb die Kirche die 5.000 $ für eine Therapie 20 Jahre lang schuldig.

Father Doyle.

Pater Doyle war in diesem Skandal einer der ersten Informanten. Er arbeitete für den päpstlichen Nuntius in Washington. Als er sah, wie über diese Fälle kommuniziert wurden, erkannte er, dass es sich um ein größeres Problem handelte als nur ein paar faule Äpfel. Ein schlechter Priester hier und da.

Priest here. He, initially.

Zunächst versuchte er, innerhalb der kirchlichen Kanäle zu arbeiten und hoffte auf eine Antwort. Doch als keine kam, ging er als Informant an die Öffentlichkeit.

A Public.

Whistleblower.

Die Haltung des Vatikans war Wir liefern unsere Priester nicht ans Messer. Das ist unser Problem. Auch wenn es sich um Kapitalverbrechen handelt, wenden wir uns nicht an die Zivilbehörden. Ich weiß nicht, was Sie getan hätten, wenn es sich um eine Mordserie gehandelt hätte.

He, he, Remains!

Er blieb der Kirche verhaftet, sowohl als Kirchenkritiker als auch als Gerichtssachverständiger in Verfahren gegen die Kirche Church.

Zum ersten Mal erfuhr ich von dem Fall Murphy, als er an die Öffentlichkeit gelangte. Man bat mich, einige Informationen auszuwirken. Der Vatikan wusste, dass es bereits früher Berichte über Murphy gegeben hatte. Dabei handelte es sich nicht um eine Verschwörung, sondern um etwas viel Schlimmeres. Um eine strikte Geheimhaltungspolitik. Die ersten Verfügungen zur absoluten Geheimhaltung dieser Probleme wurden vom Vatikan 1866 verabschiedet.

Bergin.

In den 80 er Jahren schrieb Pater Doyle, dass diese Fälle die Kirche letztlich Milliarden von Dollar kosten würden. Die letzte Schätzung beläuft sich auf über 2 Milliarden. Er hatte also Recht.

Facing the crisis catholics confront the sex abuse skandal on the very first day of.

Hollywood NBC News International Crisis and the church tonight about the Boston Art ISIS hand Let the king of a preaked charge now with repeated ly young tonight John gegen.

Released Documents Show Boston Church of new for all about behaviorbut never informed.

To life to father John Hanlin for a young boy is the latest chapter in a skandal, that is rund sechs Skandal first come to life in Boston 1000 across the country of God.

Public pope broken his silence about the growing sexual about the walking the Catholic church in the living in yesterday saying He is the church will clean up its business and do the right thing as go.

For. Kardinal Law, die Schlüsselfigur bei der Vertuschung sexuellen Missbrauchs. In Boston kostete die Kirche zig Millionen Dollar, die er für Vergleiche ausgab. Doch statt vom Vatikan bestraft zu werden, wurde er mit einer 7-jährigen Amtszeit in dieser herrlichen Basilika in Rom belohnt. Hey, ich.

Hatte die zweite bekannteste Kirche des Katholizismus und lebt in einem Palast und bekam ein Gehalt, das ihm für den Rest seines Lebens ein Luxusdasein ermöglichte. Die Botschaft ist ziemlich eindeutig Die Opfer sind nicht so wichtig. Aber ihr habt diesen armen Kardinal verfolgt. Dabei hat er doch genug gelitten. Also geben wir ihm einen lockeren Posten, um ihn zu schützen.

Die Vertreter des Vatikans versuchten, das Ganze als eine rein amerikanische oder angelsächsische Angelegenheit herunterzuspielen.

Die Sex Abuse Skandals.

Ach, diese Skandale um sexuellen Missbrauch vollziehen sich nur in den USA und Kanada. Doch dann fliegt 2010 plötzlich dieser gewaltige Skandal in Europa auf. Und zwar in Irland, in Deutschland, in Österreich, in der Schweiz, in Frankreich und in Belgien.

In Belgien. Everybody points.

Alle heben das Jahr 2002 hervor, in dem die Zeitung Boston Globe auf das Problem aufmerksam machte und in der Folge 1200 Artikel veröffentlichte. Das Problem ist.

Uralt.

Und wenn man es bis zu seinen Ursprüngen zurückverfolgt, landet man in den obersten Etagen des Vatikans.

Heißt Corridors of the Vatican. Benedikt, die den sechsten.

Nein, die allen Branchen.

2005 wurde Kardinal Joseph Ratzinger zum Papst gewählt. Er wählte den Namen Benedikt der 16. Er gilt als großer Theologe und Intellektueller. Wenig bekannt ist, dass er 25 Jahre lang jenes Amt im Vatikan geleitet hatte, das mit den schlimmsten Fällen von sexuellem Missbrauch durch Priester betraut war. Der Kongregation für die

Glaubenslehre. Die Glaubenskongregation hat eine dunkle Geschichte. Als sie im 16. Jahrhundert gegründet wurde, war sie als Inquisition bekannt. Und Ratzinger. Ratzinger übernahm dieses Amt. Als Erzbischof von München und Freising wurde er von Johannes Paul dem Zweiten damit beauftragt, die Kongregation für die Glaubenslehre zu leiten.

The Pope in the Middle Offices.

Stellen Sie sich den Papst im Zentrum vor und rundherum ein ganzer Haufen von Ämtern. Es gab eine Vielzahl von Ämtern rund um den Heiligen Stuhl, die nicht miteinander redeten und mit verschiedenen Fällen betraut waren. Also verliefen viele Fälle im Sand. But then. Doch dann geschah 2001 folgendes Mit der Zustimmung von Johannes Paul zwei verkündete Ratzinger, dass alle Fälle von sexuellem Missbrauch an Minderjährigen auf seinem Tisch landen sollten.

All come to my disc. From.

Ab 2001 landete jeder Fall von sexuellem Missbrauch durch einen Priester bei Ratzinger. Kardinal Ratzinger, mittlerweile Seine Heiligkeit, Papst Benedikt der 16. war die sachkundigste Person hinsichtlich sexuellen Missbrauchs von Minderjährigen durch Priester auf der ganzen Welt. Denn er verfügte über alle Daten aller. Hinter den klösterlichen Mauern des Vatikans befinden sich umfangreiche Aufzeichnungen über weltweiten sexuellen Missbrauch durch die Priesterschaft. Sie lagern in den geheimen Archiven der Kongregation für die Glaubenslehre.

It is the century old history.

Es geht um die Jahrhunderte alte Kirchengeschichte. Wir besitzen Dokumente von Konzilien in Spanien aus dem vierte Jahrhundert nach Christus, in denen von sexuellem Missbrauch an Kindern die Rede ist.

Sex with children.

Die Kirche hat also seit 1700 Jahren damit zu tun.

Healing about this. This is the guild of the Vatikan. They could already.

Die Schuld des Vatikans besteht darin, dass man dort wissen musste, wie tiefgreifend der Skandal war. Das ist nicht nur ein amerikanischer Skandal war und dass ein Pädophiler kein Sünder ist, sondern ein Verbrecher, der seine Aktivitäten genau plant und bewusst Situationen herbeiführt, in denen er Kinder missbrauchen kann.

In which we can abuse children of the religion analog. So viel zu seinem Ablöse. Haben wir genug zu hier?

Für die meisten Menschen war Tony Walsh der Priester von Bali Fermate, der als Elvisimitator auftrat. Er gehörte zur Gruppe der singenden Priester. Und er war sehr.

Gut und sehr beliebt.

Was die meisten Menschen nicht wussten, war, dass Tony Walsh Irlands schlimmster Pädophiler war. 2010 enthüllte eine staatliche Untersuchung, dass Walsh nach eigenen Angaben über 200 Mal Missbrauch begangen hatte. Die als Murphy Report bekannte Untersuchung deckte ebenfalls auf, dass die Erzdiözese von Dublin fast 20 Jahre lang von Walls Aktivitäten gewusst, aber nichts unternommen hatte, um Eltern oder Polizei zu informieren. Seine erste Berufung erhielt er 1979 nach Bali Fermat, einen Vorort von Dublin. Er sollte Ministranten betreuen. Obwohl nur ein paar Tage nach seiner Priesterweihe bereits eine Klage gegen ihn eingegangen war.

In Irland ist der Katholizismus so unabänderlich wie deine Blutgruppe. Er gehört zum Status quo. Man stellt ihn nicht in Frage, sondern folgt ihm blind.

Die katholische Kirche gehörte zu unserer Identität. Und der Priester gilt als Hüter des Sakraments. Es ist beinahe so, als besitze er den Heiligen Gral. Eine Frau hat mir einmal in einem

Interview gesagt, wenn er vorbeiging, knieten wir nieder und bekreuzigen uns. Der Priester verteilte die Hostien. Für die Menschen.

War er fast wie Gott.

Die staatlichen Ermittlungen gegen den singenden Priester enthüllten kirchliche Dokumente, die eine neue Dimension des Missbrauchsskandals offenbarten. Die Rolle der Bischöfe und des Vatikans, die es erlaubten, dass der Missbrauch weiterging. Jahr für Jahr berichteten Eltern der Erzdiözese von valls Missbrauch. Doch die Kirche bestrafte den Priester nicht. Noch ging sie auf die Opfer zu oder warnte die Eltern. Als die Enthüllungen im Fall Walsh nicht abrissen, erfuhren Eltern und Opfer durch den Murphy Report von dem Ausmaß der Verbrechen und der Vertuschung. Die Dokumente ergaben, dass die Kirche Walsh sogar nach einem geheimen Aufenthalt in einer von den Dienern der Fürsprecher geleiteten Klinik weiterhin die Betreuung von Kindern erlaubte.

Die Klinik, also.

Die Klinik, erlaubte es Pater Walsh, unbeaufsichtigt die Straßen der nahen Großstadt zu durchstreifen, nachdem er gestanden hatte, 100 Kinder missbraucht zu haben. Er durfte eine Priesterrobe tragen und in den örtlichen Kirchen Messen lesen. Beim Besuch eines Haushaltes widmete Pater Walsh dem 11-jährigen Sohn große Aufmerksamkeit. Er bot sich als Babysitter an, und Gott allein weiß, was den Kindern in dieser Nacht zustieß. Was ist das für eine Klinik, die ihm so etwas gestattet? Das ist doch lächerlich. Und Sie werden nicht einmal zur Rechenschaft gezogen.

Pater Walsh wurde sofort der Klinik verwiesen. Wenn man einen.

Pädophilen aus einer Klinik wirft, ist das wohl kein gutes.

Zeichen. Ich würde Mercy God Rest in Peace and we ask peace and out our players to Jesus Christ our Lord nehmen.

Selbst nach jahrzehntelangem Missbrauch hörten die Gläubigen vom Erzbischof von Dublin nichts über Walsh.

Und Yourself Bishop to go to the victims yourself to go to the place. Also Pause. Sei still. Sei still of down, but I've so much to do.

Im Geheimen strengte Erzbischof Cornell eine Untersuchung an, doch gemäß dem so genannten kanonischen Recht der römisch katholischen Kirche befolgte Cornwell die Anweisung des Vatikans, alle Details von Walls Verbrechen hinter Kirchenmauern verborgen zu halten.

Everybody.

Jeder der Prozessbeteiligten, Kläger, Beklagter und Zeugen verpflichten sich eidesstattlich zur absoluten Geheimhaltung. Sie dürfen für den Rest ihres Lebens keinerlei Informationen aus dem Prozess weitergeben.

In the process.

Die Opfer wurden auf absolute Geheimhaltung eingeschworen und wer dagegen verstieß, wurde automatisch exkommuniziert, was die höchste Strafe ist, die die Kirche erteilen kann. Wenn, ja wenn man den Murphy Bericht liest, entdeckt man überall dieselben Muster. Ob in Boston, Milwaukee oder Dublin. Die Muster gleichen sich. Die Priester wurden von A nach B nach Key nach DE versetzt. Keiner sagte etwas. Zivilbehörden wurden nicht informiert. Durch die Zusammenarbeit mit Erzbischof damit Martin, erhielt die Murphy Kommission Zugang zu Dokumenten, die belegten, wie sich der Vatikan zu den Vorgängen in Dublin verhielt. Der Vatikan sah einfach über sie hinweg.

Vatikan over Sealed.

Erzbischof Connor befolgte die Gebote des Vatikans und berief schließlich, 13 Jahre nach dem ersten Anzeichen für den Missbrauch einen geheimen Kirchenprozeß ein. Man berief drei Kirchenrechtler ein, sich die überwältigende Beweislast gegen diesen Kerl anzuhören. 1992 empfahlen sie ihn, das Priester Amtes zu entheben. Und er wurde stets freigesprochen. Obwohl er 100 Missbrauchsfälle gestanden hatte, wurde er freigesprochen. Er wandte sich an Rom, und der Vatikan konnte sich acht Monate lang nicht entscheiden, was er mit ihm tun sollte. In diesen acht Monaten missbrauchte er beim Begräbnis seines Großvaters ein weiteres Kind. Für den Missbrauch dieses Jungen trägt der Vatikan die volle Verantwortung.

Der Vatikan.

Am Ende beschloss der Vatikan, ihn nicht des Priesteramtes zu entheben, sondern zehn Jahre in ein Kloster zu stecken. Der Bischof raufte sich die Haare. Zehn Jahre Kloster? Was soll das heißen? Kein Kloster wird ihn aufnehmen. Das Konzil flehte den Vatikan an und wurde sogar persönlich bei Kardinal Ratzinger vorstellig, um die Amtsenthebung durchzusetzen. Der Vatikan unternahm nichts. Wütende Eltern zwangen die Polizei zum Handeln. 1995 wurde Walsh wegen Sexualverbrechen verurteilt. Erst dann, nachdem er toleriert hatte, dass er Hunderte von Kindern missbraucht hatte, enthob der Vatikan ihn endlich des Priesteramtes. Zwei Priester, die im Fall von Tony Walsh als Richter auftraten, schworen einen Eid auf Geheimhaltung. Wo sind sie heute?

Sie sind beide Bischöfe.

Für einen Priester kann sich das Schweigen lohnen. Aber für die Gläubigen in Irland ist die Vertuschung eine unverzeihliche Sünde. Wir waren zu 95 % praktizierende Katholiken. Erst gestern sagte mir ein Priester, dass nur 4 % davon in Dublin zur Kirche gehen. Aber das heißt nicht, dass sie ihren Glauben verloren haben. Sie haben nur den Glauben an die Amtskirche verloren. 2010 versuchte Papst Benedikt der 16., die Gemeinde wieder in die Kirchen zurückzuholen, indem er einen beispiellosen Brief an die Gläubigen schrieb.

Du hast Bishop weh musst tut mit The grave errors of judgement were made and fears of leadership accord which have seriously undermind of credibility and effectiveness.

Er tadelte damit die irischen Bischöfe und ihre unangebrachte Sorge um den Ruf der Kirche und die Vermeidung eines Skandals dafür, das kanonische Recht nicht befolgt zu haben. Die Rolle, die der Vatikan bei alldem spielte, räumte er nicht ein einziges Mal ein. Einer der Bischöfe sagte wütend Wie kann er es wagen, uns zu tadeln? Wann hätten wir das kanonische Recht nicht befolgt? Das kanonische Recht war ja das Problem. Das führte dazu, dass ein paar Leute aus der Versenkung auftauchten. Eine anonyme Quelle spielte Pilot ein merkwürdiges Dokument zu. Es war ein eindeutiger Beweis. Ein Brief des Vatikans aus dem Jahr 1997, der es irischen Bischöfen untersagte, sexuellen Missbrauch der Polizei zu melden. Und. Wie und warum sagte niemand öffentlich Der Vatikan hat uns angewiesen, Verbrechen nicht der Polizei zu melden, weil sie dem Vatikan gegenüber alle völlig loyal sind. 2011 brachte die Veröffentlichung einer weiteren staatlichen Untersuchung die Beziehungen zwischen dem Vatikan und Irland endgültig ins Wanken.

In Report Excitates the Dysfunktion the disconnection the releases on the dominate the colour of the Vatikan today, the rape and the tortur of children or don't played or managed to hold instead of the institution its cover its standing and his reputation. This kultur leave it withering positioning the power of episode of the radikalismus.

The humanity and the compassion of one way to roman church was found let.

Auch als die Kirchen in Irland leer waren, empfing Rom Zehntausende von Pilgern aus aller Welt, die an der Seligsprechung von Papst Johannes Paul zwei teilhaben wollten. Als vorletzten Schritt auf dem Weg zur Heiligkeit feiert die Seligsprechung die Ankunft der seligen Seele im Himmel, die durch einen im Namen von Johannes Paul vollbrachte Wunder bezeugt wird.

Johannes Paul war bei den Gläubigen einer der beliebtesten Päpste, bekannt dafür, dass er mithalf, die kommunistische Herrschaft in seiner Heimat Polen und in Europa abzuschaffen. Er prangerte die Auswüchse des Kapitalismus an und bat für die einstigen Sünden der Kirche im Umgang mit anderen Religionen um Verzeihung Und in Europa sind Nomen domini Benedictus Auditorium aus Domini.

WÄHREND DIE GEBETE BIS SPÄT IN DIE NACHT ANDAUERTEN, FRAGTEN SICH DIE MISSBRAUCHSOPFER, WARUM BENEDIKT ES SO EILIG HATTE, JOHANNES PAULS SEELE AUF DEN PFAD ZUR HEILIGKEIT ZU SCHICKEN.

ES WÄRE INTERESSANT, WAS.

Martial Magielle Deceuado war einer der weltweit charismatischsten Spendensammler für die katholische Kirche. 1941 gründete er die Kongregation der Legionäre Christi, eine Gruppe junger Zeloten, die phänomenale Geldsummen sammelten und auf der ganzen Welt Universitäten und Seminare gründeten. Maciel verfügt über ein Jahresbudget von 650 Millionen $. Zu seinen Freunden zählten Carlos Slim, der reichste Mann der Welt, Jeb Bush. Sandy Weile, ehemaliger Vorstandschef der Citigroup, Präsidentschaftskandidat Rick Santorum und der.

Ehemalige CIA Chef William Casey. Maciel war auch ein spezieller Günstling von Papst Johannes Paul dem Zweiten, der ihn als Heiligen und Visionär pries. Marc Marcel war in Rom so gut vernetzt, wie man nur sein kann. Er hatte das durch seine Spenden erreicht. Kardinal Martinez Somalo erhielt von ihm 90.000 $. Dabei saß dieser genau der Kongregation vor, die gegen Marcel hätte ermitteln sollen. Er stand aus verschiedenen Gründen in der Gunst von Johannes Paul dem Zweiten. Einer davon war gewiss Geld. Ein zweiter, dass er dem Papst huldigte. Und dem Papst gefiel das augenscheinlich.

Todos muliertes todos. Ich weiß, ich weiß.

Ihr wisst doch, wie es in einem Popsong heißt. Obwohl Maciel wie ein Engel aussah und wie ein Engel, sprach so war er doch ein Teufel in Menschengestalt.

Ferdinand. Heute geht's um.

Hinter verschlossenen Türen lebte Marcel ein Doppelleben. Er war Morphinist und ein gnadenloser Sexualverbrecher, der Dutzende seiner Legionäre missbrauchte.

Alle paar Tage besuchte er eines der Klöster und bestand darauf, masturbiert zu werden oder mit einem der Knaben Sex zu haben.

Er gerierte sich oft als CIA Agent und hatte mindestens zwei Geliebte und vier Kinder. Einige von ihnen missbrauchte er ebenfalls und selbst als in der Presse Berichte über Marcel auftauchten, ließ Johannes Paul nicht gegen ihn ermitteln. Er ließ ihn hochleben, ihn 19 Als Renner und ich 1997 den investigativen Artikel für den Hartford Current schrieben, erhielten wir vom Vatikan keine Antwort. Es ist absurd zu behaupten, dass Johannes Paul nichts davon wusste. Er war Papst und die Leute in seinem Umfeld wussten Bescheid. Angelo Sodano, ein bedeutender Kardinal, stand Maciel sehr nahe, selbst als dieser Millionen von Dollar in den Vatikan einschleuste. Sodano schützte Maciel bis zum Schluss.

Thema. Der Fall Martial ist ein Musterbeispiel, wenn man verstehen will, wie die Maschinerie im Vatikan funktioniert.

Marco Politi ist einer der kompetentesten Beobachter des Vatikans. Er hat auch viel Zeit mit Joseph Ratzinger verbracht.

From the outside the Ratzinger ist offen.

Von außen wird Ratzinger oft als steife und kalte Persönlichkeit wahrgenommen, die mit Abweichlern in der Kirche keine Gnade kennt. Doch aus der Nähe betrachtet, ist er eine sehr warmherzige, sensible Person. Als er von den Fällen sexuellen Missbrauchs erfuhr, war er zutiefst erschüttert. Für ihn war das eine schreckliche Sünde.

Just for him, it's a horrible sinn Institute liefert ihre. Beste revelations so startet per me und Schock, sondern der Grande Tristesse. Ich kapiere Komik besser Perversion des Ministeriums herrsche totale repressible his first.

Seine erste Reaktion war Erschrecken darüber, dass ein Priester zu so etwas fähig war. Das ist sehr aufschlussreich. Seine erste Reaktion bezog sich nicht auf die armen Opfer, sondern auf die Besudelung des Priesteramtes dieser heiligen Institution. Noch als Kardinal war es seine Aufgabe gewesen, jeden einzelnen dieser Missbrauchsfälle zu untersuchen. Ratzinger traf sich jeden Freitag mit Johannes Paul zwei. Schwieg er? Oder sprach er mit Johannes Paul über Maciel?

Ratzinger. Ratzinger hätte gerne eine Untersuchung in die Wege geleitet. Doch er wurde vom Staatssekretär Kardinal Sodano daran gehindert.

Kardinal Sodano.

Das Sodano Magilschützen konnte, brachte Ratzinger in eine schwierige Lage. Da immer mehr Taten Magils ans Licht kam. Die Beobachter des Vatikans wussten, dass es Ratzingers Aufgabe war, Untersuchung einzuleiten.

Father Mafia no time not to inform thinking convenient in this moment to come to.

Me.

Too moment to come to me. Wenn dies notiert umgangssprachlich unhöflich.

What you find.

In Ratzinger point is a man. Ratzinger war damals sehr besorgt, weil der Gerechtigkeit nicht Genüge getan wurde. Zugleich wollte er dem Papst seine Loyalität beweisen, der eindeutig nicht wollte, dass Maciel belangt würde.

Und Andreas Boehlich.

Und Kardinal Ratzinger. Kardinal Ratzinger wartet bis zum Tod Johannes Pauls des Zweiten.

The Same Day.

Noch am Tag, an dem Johannes Paul stirbt, fliegt der Generalstaatsanwalt der Kongregation der Glaubenslehre nach New York in die Stadt. Er verbringt acht Tage in New York und Mexico City und sammelt das Beweismaterial, das Marc Almagiel als Sexualverbrecher überführt. Das ist interessant. Der Vatikan macht 15 Jahre lang keinen Finger für eine Untersuchung krumm to investigierte. Erst in dem Moment, in dem der Vatikan zum Stillstand kommt, weil alle des toten Papstes gedenken, gelingt es Kardinal Ratzinger, Beweise zu beschaffen.

Kardinal Ratzingers Untersuchung bestätigte seinen Verdacht hinsichtlich Masiels Verbrechen. Und dennoch handelte er nicht.

Als Benedikt 2005 Papst wurde, ordnete er da einen Prozess an? Bestrafte Benedikt ihn auf irgendeine Weise? Nein, Nein.

Einer Anordnung des Vatikans folgend, dass er ein Leben des Gebets und der Buße führen solle, ließ Maciel sich in Jacksonville, Florida, nieder. Das Kommuniqué des Vatikans erwähnte weder seine Opfer noch die Natur seiner Verbrechen. Eine frühere Erklärung hatte dem kirchlichen Prozess Massils ein Ende gesetzt. Und die kam nicht aus Ratzingers Büro, sondern aus dem Büro von Kardinal Sodano.

Not.

Nicht einmal der Papst ist allmächtig, denn er ist einen Apparat unterworfen der fast 2000 Jahre alten römischen Kurie. Und dieser Apparat will sich stets verteidigen.

Wants.

To defender.

Itself. Hey. Er wollte die Wahrheit über Martial herausfinden. Aber er hatte nicht den Mut, ihn sofort öffentlich zu verurteilen und aus dem Priesteramt zu verstoßen.

1997 nahm Bob Bolzer, der an einer tödlichen Krankheit litt, dieses Video auf, um an Pater Murphys Verbrechen zu erinnern. Zusammen mit Arthur und Gary, seinen Freunden aus St. John's, machte er sich auf den Weg, in der Hoffnung, Murphy endlich zur Rechenschaft ziehen zu können. Murphy lebte mit einer gehörlosen Haushälterin, die in St. Johns studiert und gearbeitet hatte. In seinem Sommerhaus in Boulder Junction. Bob gab mir die Videokamera und ich nahm alles auf. Bob klingelte an der Tür. Dann entfernte er sich und ging ums Haus herum zum See. Dann kam Murphy heraus und sie begegneten sich. Bob sagte ihm ins Gesicht, dass er sich sofort der Polizei stellen und ins Gefängnis gehen solle.

Verkaufe, sei.

Wie for this is a long time of God bless you to you to face to face to you got to go to sorry to other me to do what you to do it to have no deposit. Oh. Schon bald schon. Aha.

Dann mischte sich Grace ein. Vergesst es. Vergebt ihm.

Ha! Hm. Wow! Oh! Ha! Ha! Ha! Ha! Ha!

Bolzer sagte Das verstehst du nicht. Grace, halt dich da raus. Danach stiegen wir wieder ins Auto und fuhren davon.

Als ich meiner Frau erzählte, was ich mit Murphy erlebt hatte, brach es ihr das Herz. Danach dachte ich Mist, ich hätte ihr das niemals erzählen dürfen. Ich hielt es für einen Fehler. Ich hätte es einfach für mich behalten sollen. Aber da war es schon zu spät. Wir setzten uns damit auseinander und schließlich schickte mich meine Frau zu einem Psychologen. Endlich explodierte ich und ließ alles raus. Ich beschloss Murphy einen Brief zu schreiben, der sieben Seiten lang wurde. Ich musste all die Wut, die ich je verspürt hatte, loswerden. Also kotzte ich mich in dem Brief an Murphy richtig aus. Ich nannte Murphy einen Wolf, weil er nach der Beute gierte, der er auflauerte. Wie kleine Schäfchen lagen wir alle in unseren Betten. Wir waren gute, unschuldige Christen. Dann kam der Wolf herein, schnappte sich seine Beute und missbrauchte sie. Zu. Ich schickte ihm diesen Brief, aber ich bekam keine Antwort. Also schrieb ich einen zweiten Brief an Murphy. Auch keine Antwort.

Ryklin galt immer als jemand, der es mit dem Vatikan aufnahm. Für die konservative Kirche war er ein schwarzes Schaf, da er Fürsprecher eines intelligenten, fortschrittlichen Kirchenflügels war.

Wegland.

Wegland, übernahm Murphy 1976 während der ganzen 70er und 80er Jahre. Bis zu diesem Brief unternahm der Erzbischof nichts gegen ihn, nichts. Er sammelte weiterhin Informationen über Murphy. Dass ich immer wieder Opfer bei der Erzdiözese meldeten und fragten, wie mit ihm verfahren würde. Er ließ psychologische und kriminologische Gutachten über Murphy erstellen, die ergaben, dass er wahrscheinlich 200 Kinder missbraucht hatte. Die handschriftlichen Notizen über die Gespräche der Therapeutin mit Murphy ergaben, dass er nicht therapierbar war, und sie zeigten auch, wie er seine Verbrechen zu rechtfertigen versuchte.

Vater Thomas Brundage called Priest Patt Ophelia Court a form of home Side. Und quot. In der IT takes away children's innocence. With you agree to disagree with that observation.

If you are asked me that the night. Nein would not of a great fuast me now in the year 2000 eight would sei in almost every case. Yes.

Ich schrieb einen Brief an Erzbischof Wickland, und er gewährte mir ein Treffen.

What you do about for the Murphy? It's a question to keep repeating itself. Over and over.

Was unternehmen Sie gegen Pater Murphy? Diese Frage wurde immer wieder gestellt. Die Verjährungsfrist war längst abgelaufen. Eine strafrechtliche Anklage war also ausgeschlossen. Auch in den Kirchengerichten war die Verjährungsfrist gemäß dem kanonischen Recht längst abgelaufen. Dann stellte sich heraus, dass man den Fall Murphy möglicherweise hinsichtlich der Art und Weise, wie er den Beichtstuhl benutzte, wieder aufrollen könnte. Denn hier gibt es keine Verjährungsfrist.

Statut limitation never expires. Also.

Ich teilte das dem Büro von Kardinal Ratzinger mit. Ein Jahr später bekam ich endlich die Antwort, dass wir den Fall eröffnen könnten.

Wenn ein Katholik zur Beichte geht, ist er oder sie völlig ungeschützt. Dieser Priester nutzte seine Macht über die Schutz und hilflosen Kinder, um sexuelle Befriedigung einzufordern.

No I don't think.

Es lässt sich nicht in Worte fassen, wie abscheulich und scheinheilig das ist.

This is.

Ich erhielt die Bestätigung, dass der Vatikan die Briefe erhalten hatte. Aber es tat sich nichts. Und das war wahrhaft enttäuschend.

The way which we wanted to take that was to take a out of ministry and that's the case to run.

Wegland, hatte eine private Unterredung mit Kardinal Ratzinger.

Am Ende, sagte Kardinal Ratzinger Ihr Problem ist, dass sie sich nicht fügen wollen.

Wekland hatte auch ein formelles Treffen mit der Kongregation für die Glaubenslehre, um seinen Fall vorzubringen.

The Dead Community in Milwaukee Why not to?

Die Gehörlosengemeinde von Milwaukee wollte, dass Pater Murphy aus dem Glaubensleben verstoßen würde. Mein Herz schlug für sie und vor allem für die Kinder, denen niemand geglaubt hatte.

Ed by anybody.

Das Treffen fand in der letzten Maiwoche statt. Im Hochsommer gegen August schrieb man uns, dass der Fall nicht weiter verfolgt werde, da Pater Murphy sehr krank sei. N. Es war schrecklich für mich, sagen zu müssen, dass ich nichts tun konnte. Ich fühlte mich schrecklich.

Vincent bemühte sich, wie ein normaler Bürger zu handeln.

Citizen do Get the Guy.

Entfernt den Kerl zum Schutze anderer. However. Doch sein Status beim Klerus und beim Vatikan wollte er dafür nicht opfern.

Standing in the klerikal culture and with the Vatican.

He, he, he, he is!

Er hatte seine eigenen sexuellen Aktivitäten, die er verstecken und geheim halten musste. Und das rückte alles in ein schiefes Licht.

Picture.

Wekland hatte eine homosexuelle Affäre mit einem Studenten gehabt, der ihn und die Kirche um 450.000 $ erpresste. Vicens Absturz hatte nichts mit sexuellem Missbrauch zu tun. Es war eine einvernehmliche Beziehung mit einem 35-jährigen. Das große Problem war die Rechnung, die er für das Schweigen zahlte. Das war der eigentliche Skandal.

Skandal!

People who are concurrned about me ask. How why feel this moment the best used to describe those feelings would be remorce countries in shame and empty iness.

Die ganze Zeit wurde er leichtfertig als Pädophiler verleumdet, was natürlich Unsinn ist. Er hat in seinem Buch offen erklärt, dass er schwul sei und das machte die Leute verrückt. Ein Erzbischof, der sich selbst als schwul bezeichnete. Der Skandal lenkte die Leute von einem Schlüsselelement der Murphy Geschichte ab. Rom hatte sich möglicherweise aufgrund eines Briefes, den Pater Murphy an Kardinal Ratzinger geschrieben hatte, geweigert, gegen Murphy vorzugehen. Ich habe alle meine früheren Vergehen bereut und lebe nun seit 24 Jahren friedlich in North Wisconsin. Die Zeit, die mir noch bleibt, möchte ich in der Würde meines Priesterstandes verbringen.
It's not just time in old man, I'm an old priest.

Er sagt nicht nur Ich bin ein alter Mann, sondern ich bin ein alter Priester. Lasst mich nicht fallen, weil ich diesen besonderen Makel habe. Ich bin wie.

Christus. See there is a harrisi to the church teachers. Oder mehr.

Hier verbreitet die Kirche eine Irrlehre. Wenn ein Mann zum Priester geweiht wird, wird er zu einem anderen Wesen. Er wird zu einer anderen Art Mensch, die nur etwas geringer ist als ein Engel. Diese Menschen gelten als etwas Besonderes. Sie sind von Gott berufen. Man will diese Heiligkeit, dieses übernatürliche Element schützen. Deshalb scheut man sich sehr, gegen einen Priester vorzugehen.

Ah, Priester!

Ein Priester kann an seinem Altar durch Brot und Wein die Gegenwart von Jesus Christus hervorrufen. Er hat Macht über Himmel und Hölle. Heaven hell somebody comes to you. Wenn du beichtest und er dir nicht vergibt, bist du verdammt.

To bed and. Das Kirchengericht teilte mir mit, dass Murphy nicht zu der Anhörung kommen könne, da er zu krank sei. Er habe nicht mehr lange zu leben. Murphy spielte einen Automaten. Er erlitt einen Zusammenbruch und wurde ins Krankenhaus eingeliefert. Murphy verschied und wurde in seiner Priesterrobe auf einem katholischen Friedhof beigesetzt. Tietje.

Sind Sie Murphy je begegnet?

Nur einmal. Ich hatte ihn eingeladen.

Und.

Ja. Ich weiß nicht, wie ich so jemanden beschreiben soll. Ich. Besessen vielleicht. Ich konnte nicht herausfinden, was er ernst meinte und was nicht. Hey, Courtney. Er wirkte auf mich nicht wie ein böser, schlechter Mensch. Das Wort kindlich trifft es vielleicht am besten.

Was? Marco? Describe it.

Gideon und Newton in Astoria und Emiliano in Rom. Wenn die Demokratie hier in Brooklyn am 9. Oktober.

So viele Menschen im Vatikan erkennen den Ernst der Sache noch immer nicht. Das Gebot der Omerta, der Schweigekodex, hindert die Menschen daran, etwas auszusprechen.

Wenn das so ist.

Das gehört zur Psyche, zur Mentalität und zum Ethos der Amtskirche. Man glaubt, dass äußere

Feinde die Kirche zerstören wollen und man alles tun muss, um ihnen keine Munition zu liefern.

Away from the Vatican.

Seit Jahrhunderten ist der Vatikan es gewöhnt, sich der Welt als makellos zu präsentieren. Der Vatikan hat verständlicherweise schreckliche Angst, dass es auch in Italien Tausende von bislang geheim gehaltenen Fällen von sexuellem Missbrauch geben könnte.

Have been hidden. Man hört.

In Amerika.

Der aufsehenerregende Fall, von dem wir in Amerika gehört haben, ereignete sich an einer Gehörlosenschule in Italien. Und genau das Gleiche geschah in Italien, in Verona. Es waren die gleichen Muster von Missbrauch und Gewalt, denn bis in die 70er Jahre hinein galten Gehörlose nach medizinischen Maßstäben als geistig behindert.

Amerika blieb in Kuba.

Man dachte, sie könnten andere nicht verstehen und ihre Bedürfnisse nicht mitteilen. Es war also einfacher und weniger riskant, Gehörlose zu mißbrauchen. Lasst alle, die von den Fakten dieses Falles erfuhren, waren von der Geschichte der gehörlosen Kinder von Verona schockiert. Das Problem ist, dass in Italien niemand über diese Dinge spricht. Wenn die Opfer aus der Gehörlosenschule nach Hause kamen und über den Missbrauch reden wollten, wurden sie oft geschlagen, weil man über so etwas einfach nicht spricht.

Silikon.

Pädophilie, religiöser Gesang. Mertosa Pedophilia.

Religiöser Gesang. Meer. Prosa.

Vatikan Mittelalter. Kritik. Tempel. Ecke Pegida.

Piccadilly. Predigt etal und Kanal. Die gute Person. Endlich die.

Gutes Konzert.

In ganz Italien werden Nachrichten von Opfern oft von mächtigeren Stimmen übertönt. Das Signal von Radio Vatikan ist so stark, dass die Römer die Sonntagsmesse oft über ihren elektrischen Türöffner hören können. Doch sobald es um sexuellen Missbrauch geht, herrscht in Italiens Staatssendern beredtes Schweigen. Ich denke, für einen katholischen Journalisten war das eine sehr schwierige Zeit. Meine Aufgabe als Reporter ist es, die Wahrheit zu sagen. Ich arbeite nicht für die katholische Kirche, sondern für eine katholische Publikation. Es ist nicht unser Job, für den Heiligen Stuhl oder die Bischöfe Cheerleader zu spielen. Noch immer sagen alte Monsignore aus dem Vatikan zu mir Ach, Jungs haben so etwas schon immer getan. In einem rein männlichen Umfeld ist so etwas ganz normal. Das war doch kein Missbrauch. Diese Kinder wollten es doch. Das sind Initiationsriten. Und das im Jahr 2011. Ein Bischof sagte Die kleinen Buben werden schon darüber hinwegkommen. Er bezog sich auf einen Priester, der sich an zehn, zwölf und 13-jährigen Knaben vergangen hatte, sie vergewaltigt hatte. Darüber kommt man nicht hinweg. In den meisten Fällen ist ein Leben nicht mehr dasselbe. Es ist ruiniert.

Ich begriff, dass der Vatikan jeden Priester und jede Nonne, jeden Bischof und jeden Kardinal unter Kontrolle hatte. Sie standen alle unter Eid. Sie konnten nicht darüber sprechen. Ich konnte es nicht ertragen, dass die Kirche allen den Mund verbot.

Terry hatte an Kardinal Sodano geschrieben, und ich spürte, dass wir darauf eine Anklage aufbauen konnten.

Jeff sagte, dass er meinen Brief an den Vatikan sehr stark fand und es ihm eine Ehre sei, mich zu vertreten. Ich war sofort einverstanden und unterzeichnete die Unterlagen. Als er wieder weg war, sagte ich zu meiner Frau. Jeff hilft mir, den Vatikan zu verklagen. Er wird Bewegung in die Sache bringen. Ich liebte Jeff dafür.

Jeff Anderson und Partner strengten in Terrys Auftrag ein Verfahren gegen den Vatikan an. Die Klage betraf Papst Benedikt Kardinal Bertone, den derzeitigen Staatssekretär des Vatikans, und den ehemaligen Staatssekretär Kardinal Sodano Vatikan. Mit diesem Verfahren beschwören wir den Vatikan, endlich zu handeln und die Geheimnisse auszuspucken. Die Beweise über die Verbrechen, die sie haben. Die Identität der Täter und der Bischöfe, Erzbischöfe und Kardinäle, die weltweit an diesen Verbrechen mitschuldig sind. In Folge von Terrys Klage wurden Dokumente entdeckt, die die Rolle Roms in dem weltweiten Missbrauchsskandal enthüllten und die Aufmerksamkeit der New York Times erregten.

Wie stark diese Dokumente schienen.

Die ganze Geschichte, an der wir all die Jahre geschrieben hatten, auf den Kopf zu stellen. Bis dahin hatten wir gedacht, dass die Schuldigen amerikanische Bischöfe seien. Diese Dokumente aber belegten zum Ersten Mal, dass sich amerikanische Bischöfe wiederholt an Vertreter des Vatikans, insbesondere an das Büro des damaligen Kardinals Ratzinger, gewandt und gebeten hatten, ihnen dabei zu helfen, diesen

Priester des Amtes zu entheben, da seine Opfer sie darum gebeten hatten.

Asking us to Die Frage und.

DIE ANTWORT DES VATIKANS LAUTETE HABT MITLEID MIT DIESEM PRIESTER! KEIN GEDANKE AN DIE OPFER.

All das belegen diese Dokumente. Auf die Reaktion war ich nicht gefasst. Ich hatte keine Ahnung, was für eine Riesengeschichte das war. Ich bekam Hassbriefe, Ich bekam antisemitische Telefonanrufe. Man bezichtigte die New York Times und mich persönlich des Antikatholizismus.

This is being driven by Jeffrey Anderson Timing up with the New York times going back to have a century theologe to be used to place in the 19 fifties.

THE VATICAN DIDN'T FIND OUT ABOUT THE CASE IN TWO 1996 RATZINGER GOES A HIT AND OTHER THAN INVESTIGATION AND GOING TO HER PERIOD INVESTIGATING FOR THE MURPHY'S IS WHAT EXACTLY WAS RATZINGER SUPPOSED TO DO WHERE IS THE WRONG DOING?

Mr. Donno hatte den Artikel nicht einmal gelesen. 1974 trafen sich die Opfer und ihre Anwälte mit Erzbischof Kazans. Bei dem Treffen waren auch Vertreter des Vatikans zugegen. Man stellte ihnen zwei Vertreter des Büros des päpstlichen Nuntius vor.

THERE WAS A WAY.

Der Vatikan konnte also bereits 1974 von dem Fall gewusst haben. Der Fall Murphy bestärkte Jeff Anderson in seiner Rolle als Staatsfeind Nummer eins des Vatikans. Bis 2010 hatte er über 1500 Klagen gegen die Kirche erhoben. Anhänger des Vatikans bezeichnen ihn als geldgierigen Winkeladvokaten, der sich auf Kosten der Opfer bereichert. Die Opfer aber betrachten die Klagen, die er anstrengt, als einzige Möglichkeit, die Kirche für ihre Taten zur Rechenschaft zu ziehen.

Padre Santo ecclesia popolo didioque non Silas impressionare und quericio del momento.

Danae leugnen, herunterspielen und beschuldigen. Sie geben den Medien die Schuld. Sie geben den Anwälten die Schuld, und sie geben sogar den Opfern die Schuld.

WE KNOW EVEN BLAME THE SURVIVORS.

2011 versuchten Jeff Anderson und Partner, Schriftsätze aus Terrys Anklage dem Vatikan zuzustellen. Das FedEx Paket wurde mit dem Vermerk unerwünscht zurückgeschickt. Anderson musste seinen nächsten Versuch über das US Außenministerium starten.

Die Kirche betrachtet sich als Staat und wird auch als solche anerkannt. Staaten genießen Immunität und haben ihre eigenen Gesetze.

Early Disorder and that's why house.

Geoffrey Robertson ist Menschenrechtsanwalt und Autor des Buches Angeklagt Der Papst. Er will den Papst für Menschenrechtsverletzungen zur Rechenschaft ziehen und die diplomatische Immunität des Vatikans aufheben.

The Vatican News

Der Vatikan ist kein echter Staat, sondern eine kleine religiöse Enklave in Rom. Er hat kein Volk. Es gibt kein Vatikan mehr. Niemand wird im Vatikan geboren, es sei denn aus Versehen. Er besteht aus einer Gruppe Zölibatäre religiöser Gestalten. Er hat keine Armee und keine Fußballmannschaft. Nichts von dem, was einen Staat auszeichnet. Seine Macht verdankt er einem historischen Sonderfall. 1929 verbündete sich Mussolini mit dem Mann, der später Papst Pius XI werden sollte.

Die Kirche unterstützte Mussolinis faschistischen Einparteienstaat und wurde im Gegenzug als eigener Staat anerkannt. Vatikan war der Staat der katholischen Kirche, wurde von Faschisten erschaffen.

Dieser Zaun ist die Grenze eines Landes, das sich Vatikan nennt.

Inzwischen wird der Vatikan von 178 Ländern als Staat anerkannt. Gerne besuchen Politiker den Papst und lassen sich von ihm segnen, um Wähler zu gewinnen. Courage their votes.

Doch das Problem mit dem Papst ist, dass er nach kanonischem Recht von keiner zivilen oder religiösen Behörde verurteilt werden kann. Der Pontifex steht über dem Gesetz.

Es wird eine wichtige Aufgabe sein, dafür zu sorgen, dass sich der Papst dem Gesetz beugen muss. Indem man entweder in Abrede stellt, dass der Vatikan ein echter Staat ist, oder beweist, dass seine Fahrlässigkeit beim Skandal des Kindesmissbrauchs so weit ging, dass er sich an einem Verbrechen gegen die Menschlichkeit mitschuldig gemacht hat?

This is a global church.

Wir haben es mit einer globalen Kirche zu tun, die in den Entwicklungsländern schnell an Zuwachs gewinnt. In diesen Kulturen käme niemand auch nur auf den Gedanken zu behaupten, dass ein Priester etwas Falsches getan habe. Dieses Problem ist mit einem Stigma behaftet. Da sind so viel Schande und Scham im

Spiel. Aber wir wissen, dass es auch dort geschieht. Denn es ist ein menschliches Problem. Inzwischen wurden auch Fälle in Lateinamerika, auf den Philippinen und sogar in Afrika und Indien bekannt, aber nur sehr langsam. Man ist dort so weit wie die Kirche im Amerika der 60er und 70er Jahre. Die Reaktion in diesem Teil der Welt wird mit Verzögerung kommen.

In Amerika haben Bischöfe bereits Schritte zum Schutz der Kinder und zur Aufarbeitung der sexuellen Missbrauchs Krise unternommen. Doch hat die Kirche auch begonnen, Opfergruppen gerichtlich zu belangen. Einer der bekanntesten Verteidiger der Kirche war Timothy Dolan, der kürzlich zum Kardinal befördert wurde. 2009 war Dolan Erzbischof von Milwaukee, wo er juristische Vergleiche mit Missbrauchsopfern erwirkte, die die Kirche über 26 Millionen $ kosteten.

When you think of what happened.

Wenn man bedenkt, dass ein Mann, der angeblich im Namen Gottes handelt, einen jungen Menschen missbraucht hat und dass einige Bischöfe das duldeten, indem sie die Täter nur versetzten, dann ist das abscheulich und widerlich.

Noise eating the second.

Andererseits hat die Kirche auf all das sehr gut reagiert.

God.

Viele würden das abstreiten. Tatsächlich kommen im ganzen Land weiterhin Missbrauchsfälle ans Licht.

Dolan traf sich in Milwaukee mit Opfern, doch er unternahm auch 3. Schritte, um die Kirche vor deren Forderungen zu schützen. Sie geben an, dass Dolan lebenden Opfern Geld vorenthalten und lieber Verstorbenen gespendet habe, indem er 55 Millionen $ aus Kirchenvermögen einer Friedhofsstiftung übertrug. 2011 meldete die Erzdiözese dann Konkurs an, doch 2012 bekamen 570 Opfer, darunter auch Arthur und Gary, das Recht, am Konkursgericht von Milwaukee einen Prozess gegen die Kirche anzustrengen. Ihr Ziel war es, weitere Dokumente zum sexuellen Missbrauch öffentlich zu machen und finanzielle Entschädigungen für Opfer zu erwirken.

This is the largest organization.

Wir haben es mit dem größten Unternehmen der Welt zu tun. Jeden Sonntag fließt das Bargeld in Strömen in die Klingelbeutel. Die Amtskirche machte sich um die Auswirkungen der finanziellen Verluste große Sorgen. Acht

Diözesen beanspruchten Gläubigerschutz, um Massenentschädigungen zu regeln. Boston hat über 50 % seiner Gemeinden verloren.

Prima. Interesse. Sono legitime kommen. Possiamo ripareque Kosovo. Sie haben wohl Ihre periouta Request die Personen als Super are quest zu Trauma rware la vita Rituale la vie duce.

Nehmen wir also die Christa. Benedikt Christians.

Benedikt, 16. will, dass sich die Lage beruhigt und die Opfer geheilt werden. Andererseits ist er in die Enge getrieben. Die Opferorganisationen verlangen völlige Transparenz hinsichtlich der Vergangenheit. Sie wollen nicht nur, dass Priester ihres Amtes.

Enthoben werden, sondern völlige Transparenz.

Und ich glaube nicht, dass Benedikt 16. dieses Problem lösen kann. Die fortwährenden Enthüllungen haben die Opfer dazu gebracht, einen lückenlosen Rechenschaftsbericht über alle Fälle von pädophilen Priestern zu verlangen. Die zentrale Forderung von Terri Codes Klage gegen den Vatikan lautet Öffnet die Archive!

The Church.

Die Kirche ist eine perfekte Gesellschaft und für den Rest der Welt gilt sie auch als perfekte Gesellschaft. Doch wir sollten uns das aus dem Kopf schlagen. Wir sollten die Priester, die Kardinäle, die ganze Kirche von ihrem Sockel holen und uns der Welt als diejenigen präsentieren, die wir sind als eine Kirche von fehlbaren Menschen.

This is what we are. Jesus hatte keine Angst vor dem Menschsein. Und das sollten auch wir nicht haben. Jeder.

Und vor Gericht werde ich oft gefragt, wie oft ich mich zur Kirche bekannt habe. Und meine Antwort lautet normalerweise immer. Man will es nicht glauben, aber es stimmt. Die Kirche, das sind die Menschen, die Opfer, ihre Mütter, ihre Väter, ihre Freunde, sie alle sind Kinder Gottes. So steht es ganz deutlich im Evangelium. Sie sind die Kinder Gottes. Sie sind die.

Kirche. They are the people got.

Viele dieser Kinder Gottes betrachten ihre Klagen als Mittel, ihre Kirche zurückzuerhalten. In einem entscheidenden Sieg im Konkursverfahren in Milwaukee haben Opfer fast **50.000 Seiten an Dokumenten öffentlich gemacht, die Übergriffe von Priestern aufdeckten, und die Rolle des Vatikans, der diese schützte.** Terry erkannte, dass er mit seiner

Klage gegen die Macht des Papstes als Staatsoberhaupt nicht ankommen würde.

Also zog er seine Klage zurück und schloss sich Gary, Arthur und den anderen Konkursklägern und ihrem juristischen Feldzug für den Kinderschutz an.

All of us are here and willing to share and the team of loyers were here supporting all of us you want to high five years and now. I'm here and a feel good. The future of the children is what is important? And a decide de support ever to all.

THAT FAILING OF THAT BACKUP Y DID NOT STOP US AND WILL NOT STOP US.

Die Idea of a Group.

Der Gedanke, dass eine Gruppe Gehörloser vor einer Kathedrale Flugblätter an Windschutzscheibe heftete, die das Fahndungsplakat eines Priesters zeigten. All time. Und das zu einer Zeit, in der niemand einen Priester eines Vergehens verdächtigte, geschweige denn des sexuellen Missbrauchs. Dieser Versuch eines Aufschreis, einer Warnung. Es haute mich einfach um.

Just ball me over. They were really the first.

Sie waren die ersten, die erkannten, dass Sie mit diesen Vorgängen an die Öffentlichkeit gehen mussten. Und das taten sie auch.

Wenn man bedenkt dass ein Vierteljahrhundert später dieser Fall etwas verändern wird. Dann ist das wie eine Wiederauferstehung. Aus der Stille der gehörlosen Gemeinde kam dieser unglaublich laute, ohrenbetäubende Schrei nach Gerechtigkeit.

Die Sonne scheint.
Es war wie der Wetter. Was? Und die User, die. Für. Und. Die. Wie? Und für. Für. Für. Für. Und.

Der Fall des Priesters Edmund Dillinger jahrzehntelanger sexueller Missbrauch

Nur. Ne, ne, ne, ne. Hier, die auch. Das war auch mal eine Küche, ne? Also als solche nicht. Nicht zu erkennen, oder nicht? Man kann sich überlegen. Nee, da steht Ofen. Da. So ein kleiner Geräteschuppen. Gut ich betreue oder ich habe meinen Onkel betreut, seit nunmehr über elf Jahren. Und er hat jetzt in den letzten Jahren zunehmend auch mit Demenz zu tun, ist dann im Oktober gestürzt beim Besuch einer Messe, wurde danach mehreren Komplikationen operiert, ist dann mehrfach an Corona erkrankt zweimal und ist dann letztendlich am sieben und 20. November verstorben an einem Samstag und ich bin daraufhin am nächsten Tag, also an einem

Sonntag um gegen 13:00 in das Haus, das ich ja kannte in dem unteren Stockwerk. Lediglich die beiden oberen Stockwerke kannte ich nicht und ich wusste aber, dass im oberen Stockwerk sein Arbeitszimmer ist. Und ich habe dann vermutet, dass Unterlagen, persönliche Unterlagen eher da zu finden sind und bin also gleich in dieses Arbeitszimmer, das dann sehr, sehr unaufgeräumt oder sehr, sehr, sehr, sehr chaotisch. Ich habe es sehr chaotisch vorgefunden. Überall Papierbücher und Bilder und was auch immer. Ich habe aber zu meinem großen Entsetzen mit zwei, drei Griffen intuitiv Unterlagen in der Hand gehalten, die mich erstmal schockgefrieren ließen. Also hier schlummerten. Ich gucke mal, ob ich vielleicht noch einen finde, wo nix drauf war. Mir solche Filmstreifen hatte ich 700 Stück. Also eine ganze Kiste und das waren halt schon an! Also ich habe einen Griff da rein gemacht und hab gedacht Holla, was ist da drauf? Was dann letztendlich hier diesen ganzen Stein ins Rollen gebracht hat.

Eine ganze Kiste mit über 700 Diafilmen, die ungerahmt in Umschlägen gelagert waren, mit eindeutigem, ja zum Teil pornografischem Material. Mit wirklich unfassbar vielen Opfern. Es ist einfach. Es hat eine Dimension, die mir wirklich, die mich ja wirklich sprachlos gemacht haben. Ich habe das intuitiv alles mitgenommen. Also alles, was ich zu diesem Zeitpunkt vorgefunden hatte, habe ich eingepackt und habe es an einen sicheren Ort verbracht. Ich sage mal zum Glück, am nächsten Tag gab es den ersten Einbruch in dieses Haus. Unglücklicherweise, oder zu meinem großen Unverständnis hat eine Bruderschaft sein Sterben, also sein Sterbedatum, direkt veröffentlicht, unmittelbar, ohne das mit mir abzustimmen. Und es liegt natürlich nahe, wenn so etwas im Internet veröffentlicht ist, dass dann auch natürlich Signale gegeben werden für Einbrüche und dergleichen. So natürlich Lagern in diesem Haus oder lagerten in diesem Haus in einem relativ großen Umfang natürlich delikate Dokumente. Und ja, das Ganze ist dann letztendlich gesichtet worden von mir. Ich konnte das dann glücklicherweise alles auch sehr gut aufarbeiten, dank intensiver Dokumentation. Also er hat ein Tagebuch geführt, er hat also alles wirklich lückenlos dokumentiert. Das macht die ganze Tat noch unfassbarer. Dass das Ganze noch irgendwie, also wirklich, wirklich absurd in so tja, in so ein Abgrund reinzuschauen. Was ich sage dazu immer, das ist jetzt offensichtlich das tatsächliche Leben eines Menschen. Erst mal völlig unklar, wer ihn beerdigt und ob er überhaupt von einem Priester beerdigt wird.

Das Bistum hat sich bis zum heutigen Tag da komplett rausgehalten und es war dann so, dass ich dann glücklicherweise einen Pfarrer aus der Nachbargemeinde bereiterklärt habe. Und das hat mich also schon auch sehr, sehr stark irritiert. Das ja, das ist also noch nicht mal einfach war, ihn dann tatsächlich auch kirchlich zu beerdigen?

Zunächst. Zunächst muss ich ja davon ausgehen, dass die Dinge, die ich bis dahin ja auch wusste, dass ich der Einzige bin, der das weiß. Und das ist jetzt halt die große Frage Wer wusste dann wann was?

Ja, im März 2012 rief mich mein Onkel an, aufgeregt, ob ich denn am nächsten Tag Zeit hätte, ihn zu einem Termin ins Generalvikariat zu begleiten. Ein Personalgespräch. Ich habe ihn gefragt Um was handelt es sich bei diesem? Was

Das Thema des Gesprächs? Und er sagte Ja, es wäre es, wenn unhaltbare Vorwürfe gegen ihn erhoben worden, die natürlich alle nicht stimmen, hat das bis zuletzt ja alles abgestritten. Und es ging ganz konkret um eine Wallfahrt von 1971. Ich habe daraufhin meinen Onkel natürlich unterstützt, bin mit ihm dort hin, damals beim Generalvikar. Das. Das Gespräch war sehr imposant oder sehr, sehr geprägt von seiner Personalakte, die mich sehr beeindruckt hat. Die war sehr umfangreich. Inhalt seiner Personalakte war unter anderem ein Brief von einem damaligen Kaplan, der mit ihm 1971 auf einer Wallfahrt in Rom war, der einen Film entwendet hat, aus dem Fotoapparat meines Onkels diesen entwickelt hat und darauf waren. Auf zwei Bildern war ein Jugendlicher, ich weiß nicht, mutmaßlich augenscheinlich 16, 17 Jahre mit einer Badehose bekleidet, sichtlich oder offenbar betrunken auf einem Bett zu erkennen.

Und das hat also dieser Kaplan dem damaligen Bischof vorgelegt. Daraufhin wurde mein Onkel offensichtlich ja aus dem Bundesland Rheinland Pfalz in das Bundesland Nordrhein Westfalen versetzt, um, ich sag jetzt mal salopp, Gras über die Sache wachsen zu lassen. Im Nachgang muss ich mich wirklich fragen, ob ein Missbrauch in Nordrhein Westfalen offensichtlich weniger schlimm ist als in Rheinland Pfalz. Also das das suggeriert der ganze Vorgang. Ich finde das ganz, ganz furchtbar, was da passiert ist. Na ja, auf jeden Fall hat dann, nach langem Hin und Her, hat es dann 2013 ein Zelebrationsverbot gegeben. Ich muss das natürlich verifizieren, also ein öffentliches Zelebrationsverbot. Das heißt, er durfte keinen öffentlichen Messen mehr zelebrieren und hat dann seitdem zunehmend zu Hause sich zurückgezogen und hat. Und da fallen mir jetzt die Worte Reue, Buße, Qual und Angst ein. Alles Elemente, die offensichtlich auch bekannt sind. Ja, er hat sich ja sehr, sehr zurückgezogen, wurde dann noch parallel mit Demenz, also wurde immer mehr Demenz krank. Also er hat dann die letzten zehn Jahre auf jeden Fall in einer wirklich unglaublichen Umgebung sein Leben gefristet und hat da Buße getan. Offensichtlich, was ich niemandem wünsche. Fakt ist, für mich fühlt sich das an, als hätte man ihn da fallen lassen wie eine heiße Kartoffel. Also man wollte, man wollte so jemanden natürlich mit so einer Mutmaßung nicht haben. Für mich war die Bestrafung oder die Maßnahmen die disziplinarische Maßnahme in dieser Härte nicht nachvollziehbar.

Und ich frage mich natürlich heute retrospektiv, Was hat das Bistum 2012 2013 gewusst? Was hat man mir verschwiegen? Ich habe mehrfach dort mit dem Justiziariat Kontakt aufgenommen. Ich habe keine Informationen bekommen, was ich als nächster Angehöriger natürlich auch nicht gut anfühle, wenn man mit so einer Mutmaßung nach Hause fährt. Und damit habe ich auch die letzten zehn Jahre gelebt mit der großen Frage, mit der quälenden Frage Ist mein Onkel ein Täter oder nicht? Das hat mir. Da hat mich niemand unterstützt. Bis zum heutigen Tag auch nicht. Auch jetzt ist da ich sage mal, die Unterstützung. Davon ist also nicht die Rede. Also wir stehen da oder ich stehe da nur mit mir zur Verfügung stehenden Mitteln. Stehe ich alleine da. Ja, so. Wie geht es nun weiter? Es geht jetzt zur unabhängigen Kommission zur Aufarbeitung von sexuellem Missbrauch. Auch wieder in Trier. Auch da darf man wieder hinfahren. Und ich bin da schon sehr, sehr gespannt, wo ich noch überall hinfahren darf. Und was dann am Ende tatsächlich aufarbeitet wird von da. Von daher ist es natürlich für mich unheimlich wichtig, dass das Ganze auch in die Öffentlichkeit getragen wird und öffentlich wird. Das ist ein ganz, ganz wichtiger Schritt, um diesen Prozess entsprechend zu begleiten. Das ist. Das ist sehr, sehr wichtig. Und über was reden wir da? Ja, über

dokumentierten Missbrauch. Über fünf
Jahrzehnte.

So, das da drüber reden war ja verboten über
diese kriminelle Vereinigung.

Missbrauch von angeblichen Männern
Gottes....

Das ist nicht ein Kirchenversagen, das ist ein
Staatsversagen.

Im Bistum München/Freising sollen mehr als
200 katholische Würdenträger über Jahrzehnte
hinweg fast 500 Kinder sexual Missbraucht
haben...

Die katholische Jugendfürsorge war der
Handlanger!